TROIS UPANISHADS

« Spiritualités vivantes »

SHRÎ AUROBINDO

TROIS UPANISHADS

(Ishâ, Kena, Mundaka)

Préface de Jean Herbert

Albin Michel

Albin Michel
■ *Spiritualités* ■

Collection « Spiritualités vivantes »
dirigée par Jean Mouttapa et Marc de Smedt

Préface

Pour cette édition, nous avons décidé, en accord avec l'auteur, de grouper en un seul volume ses études sur l'Ishâ Upanishad et sur la Kena Upanishad, et d'y ajouter sa traduction de la Mundaka Upanishad, jamais encore publiée en français. Ces différents textes forment à la fois le complément et le pendant des études de Shrî Aurobindo sur la Bhagavad-Gîtâ, déjà publiées dans cette même collection. Puissent-elles montrer aux Occidentaux à la fois le but et la méthode que doivent avoir les recherches sur les textes sanskrits classiques si l'on veut les comprendre, tant dans la signification que leur donnaient leurs auteurs que dans la valeur pratique qu'ils ont aujourd'hui encore pour tous les hindous.

* *
*

L'Ishâ ou Ishâvâsya Upanishad, rattachée au Yajur-Véda blanc, est considérée comme une des plus anciennes et des plus importantes de toutes les Upanishads. Elle a été honorée d'importants commentaires par Shankara et par de nombreux autres maîtres à toutes les époques.

Le texte original anglais de « L'Ishâ Upanishad » parut d'abord dans la revue Arya *en 1914-1915. Il fut ensuite publié en librairie (Arya Publishing House, College Street, Calcutta).*

Le début de la traduction française parut, en même temps que le texte anglais, dans l'édition française de la revue Arya. *La fin de la traduction a été faite par Jean Herbert. Toute la traduction a été revue et corrigée par l'auteur.*

* *
*

La Kena Upanishad est généralement rattachée au Sâma-Véda. Toutefois, sous le nom de Talava-kâra, elle est parfois rattachée à l'Atharva-Véda.

L'étude ci-après parut dans la revue Arya, *Pondichéry, en 1915-1916. Le texte anglais original n'en a jamais été publié en librairie. La traduction française a été faite par Camille Rao, René Daumal et Jean Herbert avec l'autorisation de Shrî Aurobindo, mais en raison des circonstances elle n'a pas pu être soumise à celui-ci.*

La Kena Upanishad fut traduite en latin par Anquetil-Duperron (publiée en 1801), en *français par Poley (1836), partiellement par Victor Hugo (dans* La Légende des siècles, *sous le titre « Supré-*

matie »), par Marcault (1905), partiellement par Salet (1920) et par Louis Renou (1943).

* *
*

La Mundaka Upanishad, rattachée à l'Atharva-Véda, est également l'une des plus anciennes. La traduction anglaise qu'en a faite Shrî Aurobindo parut dans la revue Arya *en 1920, malheureusement sans commentaires, et ne fut jamais réimprimée. Le texte français que nous donnons ici a été établi par Jean Herbert et revu par Shrî Aurobindo. Cette Upanishad avait été déjà traduite en français par Poley (1836), partiellement par Regnard (1876), partiellement par Salet (1920) et par Jacqueline Maury (1943).*

Jean Herbert
1948

L'ISHÂ UPANISHAD

Traduction française révisée et complétée
par Jean Herbert

Texte

1. – Au Seigneur tout ceci qui est, pour qu'il l'habite (*vâsyam*)[1], et chaque chose, univers se mouvant dans l'universel mouvement. De tout cela détache-toi et jouis-en ; ne convoite aucun bien que s'approprient les hommes.

1. *Vâsyam* peut avoir les trois sens : « d'être enveloppé par le Seigneur », ou, au contraire, « de lui servir de vêtement », « d'être habité par lui ». Le premier sens est le plus accepté. Shankara, qui l'adopte, en tire l'idée que l'on doit perdre toute conscience de cet univers irréel dans l'unique perception du pur Brahman. Expliqué de la sorte, le vers se trouve être en contradiction avec toute la pensée de l'Upanishad qui concilie sans cesse, dans la perception de l'Unité essentielle, les opposés contradictoires en apparence : Dieu et le monde, le renoncement et la jouissance, le déterminisme des actions et la liberté intérieure, l'unité et la diversité, le permanent et les devenirs, la passive Impersonnalité divine et l'active Personnalité divine, la connaissance et l'ignorance, le manifesté et le non-manifesté, la vie en ce monde ou en d'autres et la suprême immortalité. Dans ce texte, l'univers est conçu soit comme un manteau, soit comme une demeure pour l'esprit qui pénètre et dirige tout. Le second sens s'accorde mieux avec la pensée générale de l'Upanishad.

2. – Faisant, certes (*kurvanneva*)[1], les œuvres ici, on doit désirer vivre cent ans. Ainsi en est-il pour toi et non autrement. L'action n'englue pas l'homme[2].

3. – Sans soleil[3] sont ces mondes enveloppés d'aveugles ténèbres, où partis d'ici vont tous ceux qui assassinent leur âme.

---

1. *Kurvanneva.* L'insistance du mot *eva* donne de la force à l'idée : « faire les œuvres et non point se retirer d'elles ».

2. Shankara comprend : « ainsi en toi, ce n'est pas autrement qu'ainsi, l'action ne s'attache pas à l'homme ». Il interprète le mot *karmmâni* dans le sens des sacrifices védiques permettant aux ignorants d'échapper aux conséquences des actions mauvaises afin d'atteindre le ciel. Mais il prend ensuite le mot *karmma* dans le sens, tout à fait contraire, de mauvaise action. « Ce vers, nous dit-il, n'est qu'une concession faite aux ignorants : les âmes éclairées renoncent aux œuvres et au monde et se retirent dans la forêt. » Dans cette interprétation, les termes et la construction même sont forcés et dénaturés. La traduction plus simple et plus rationnelle que j'en donne me paraît conforme au sens général de l'Upanishad.

3. Le mot sanskrit donne lieu à deux variantes : *asûryyâ*, sans soleil, et *asuryya*, de nature non divine, celle des Asuras. Dans la construction générale de l'Upanishad, ce troisième vers donne un point de départ à l'idée qu'expriment les quatre derniers, et dans lesquels ces aperçus seront repris et développés. La prière au Soleil rappelle à la pensée les mondes sans soleil et leur aveugle obscurité, mentionnés de nouveau dans les neuvième et douzième vers. Comme en plusieurs autres Upanishads, le soleil et ses rayons symbolisent les mondes de la Lumière ; et leurs opposés logiques sont les mondes non des Titans mais des ténèbres.

4. – Unique, sans mouvement, plus prompt que la pensée, Cela, les dieux même ne peuvent l'atteindre dans sa progression en avant. Cela, dans sa stabilité, distance les autres qui courent. En cela, Mâtarishvan[1] établit les Eaux (*apas*)[2].

---

1. Ce nom semble signifier : « Celui qui se répand dans la mère », dans celle qui contient ; c'est-à-dire soit dans l'Éther, l'élément mère, soit dans la substance matérielle que le Véda nomme la Terre en parlant d'elle comme Mère. *Mâtarishvan* est une épithète védique attribuée au Dieu Vâyu. Représentant les principes divins manifestés dans l'énergie vitale, dans le *Prâna*, il se répand, pour les vivifier, dans les formes de la matière. Il symbolise ici la puissance de vie divine à l'œuvre en tous les modes de l'activité cosmique.

2. *Apas*, tel qu'il est accentué dans la version du Yajurveda Blanc, ne peut signifier que les « eaux ». Si l'on ne tient pas compte de cette accentuation, le mot « apas », au singulier, signifierait œuvre, action. Shankara cependant l'a traduit par le pluriel : les œuvres. Les difficultés d'interprétation de ce terme proviennent seulement de l'oubli de son vrai sens védique, auquel on a fini par substituer le sens purement concret de l'élément liquide, en l'appliquant ainsi au quatrième des cinq états de la matière. Une telle acception serait sans aucun rapport avec le contexte. « Les eaux », appelées aussi « les sept courants » ou « les sept vaches nourricières », symbolisent dans le Véda les sept principes cosmiques et leurs domaines d'activité, à savoir : les trois principes inférieurs (physique, vital et mental) et les quatre supérieurs (de Vérité, de Béatitude, de consciente Volonté et d'Être divins). Sur ce symbole se fonde aussi l'ancienne conception des sept mondes, en chacun desquels les sept principes exercent leur harmonieuse activité respective. En le traduisant par « les eaux » on rend donc à ce terme le sens véritable qu'il a dans l'Upanishad.

5. – Cela est en mouvement, Cela est sans mouvement ; Cela est lointain, Cela aussi est proche ; Cela est au-dedans de ce tout, Cela aussi est hors de ce tout.

6. – Mais celui qui perçoit tous les devenirs dans l'Être même et l'Être en tous les devenirs, celui-là alors ne se replie plus.

7. – Pour qui l'Être même est devenu tous les devenirs (*sarvâni bhûtâni*)[1], pour qui sait, où la confusion ? où la douleur ? pour qui perçoit en tout l'Unité.

8. – Lui s'est diffusé, lumineux, incorporel, sans défaut, sans organes, pur, invulnérable au mal. Le Voyant, le Penseur[2], celui qui devient tout, qui

---

1. Les mots *sarvani bhûtâni* signifient littéralement « toutes les choses devenues », par opposition à l'Âtman qui signifie l'Être immuable et existant par soi. Cette expression se traduit habituellement par « toutes les créatures », mais il faut lui laisser ici son sens littéral qu'exige le contexte : « *Bhûtani... abhût* » (devenu tous les devenirs). Il s'agit ici de l'acquisition par l'homme de la conscience suprême au moyen de laquelle le Moi unique en lui s'étend pour embrasser toutes les créatures. Ainsi se réalise l'acte éternel par lequel l'Unique se manifeste dans les formes multiples de l'universel mouvement.

2. La pensée védique distingue clairement entre *kavi*, le voyant, et *manîshî*, le penseur. Le premier est celui de la connaissance divine et supra-intellectuelle qui, par la vision directe et l'illumination intuitive, perçoit dans leurs vraies relations les principes réels et les apparences des choses. Le second est celui de la mentalité laborieuse qui, dans le

existe en soi, a ordonné les choses selon leur loi depuis les âges infinis.

9. – En des ténèbres aveugles entrent ceux qui se vouent à l'ignorance ; et comme en plus de ténèbres, ceux qui sont adonnés à la connaissance.

10. – Bien autre chose[1], a-t-il été dit, par la connaissance, bien autre chose, a-t-il été dit, par l'ignorance. Ainsi avons-nous appris des sages qui nous ont révélé Cela.

11. – Connaissance et ignorance, celui qui connaît cela comme les deux à la fois, par l'ignorance ayant franchi la mort, par la connaissance il jouit de l'immortalité.

12. – En des ténèbres aveugles entrent ceux qui se vouent au non-devenir ; et comme en plus de ténèbres ceux qui sont adonnés au devenir.

---

domaine de la conscience divisée, part de la possibilité des choses pour aboutir, en bas, à la manifestation actuelle des formes, en haut, à leur réalité dans le Brahman existant par soi.

1. *Anyadeva. Eva* souligne la portée du mot : « Bien autre chose (que ce qui est dit au vers précédent) sort de la connaissance, bien autre chose de l'ignorance. » Si le texte signifiait, comme on le traduit d'ordinaire : la connaissance produit un résultat et l'ignorance un autre, il énoncerait, avec une pompe excessive, une évidente banalité qui, n'ajoutant rien au système d'idées de l'Upanishad, n'y peut trouver place.

13. – Bien autre chose, a-t-il été dit, par le devenir, bien autre chose, a-t-il été dit, par le non-devenir. Ainsi avons-nous appris des sages qui nous ont révélé Cela.

14. – Dissolution et devenir, celui qui connaît Cela comme les deux à la fois, par la dissolution ayant franchi la mort, par le devenir il jouit de l'immortalité.

15. – Par un masque doré est couverte la face de la Vérité, ôte cela, Toi, Évoluteur, pour la loi de Vérité et pour la Vision[1].

1. Dans le sens profond du Véda, Sûrya, le Dieu-Soleil, représente la divine illumination du voyant (*kavi*), au-delà de l'esprit, dans la pure Vérité des choses, lumineuse par elle-même. Son principal pouvoir consiste dans la connaissance immédiate et révélatrice que le Véda nomme Vision. Son domaine est défini comme celui de la Vérité, de la Loi et de l'Infinitude. Il est lui-même celui qui nourrit et accroît, car il élargit les limites obscures de l'homme et lui ouvre la conscience lumineuse de l'infini. Il est le Voyant unique, le Voyant de l'Unité, celui qui connaît le Moi et donne à l'homme la vision suprême. Il est Yama, celui qui contrôle et ordonne, car il régit les actions de l'homme et de l'être manifesté, par la loi droite de la vérité (*satyadharma*), et, partant, selon les vrais principes de notre nature (*yâthâtathyatah*). Il révèle, par sa puissance de lumière émanée du Père de toutes les existences, le Purusha divin dont tous les êtres sont la manifestation. Ses rayons sont les pensées qui procèdent, lumineuses, de la Vérité, de l'Infinitude, mais que leur réflexion dans la mentalité divisée dévie, déforme,

16. – Évoluteur, unique Rishi, Recteur, Illuminateur, Fils du Père des existences, dispose et rassemble. Le rayonnement, qui est la forme la plus bénie, est ce que de toi je perçois. Ce Purusha qui est là et partout, je Le suis.

17. – Souffle[1], haleine immortelle, voici, ce corps finit en cendres. Ainsi, Pouvoir de faire[2], souviens-toi de ce qui a été fait, souviens-toi ; Pouvoir de faire, souviens-toi de ce qui a été fait, souviens-toi.

18. – Agni, par la bonne voie conduis-nous vers la félicité, toi qui connais, ô Dieu, toutes les

---

brise et désordonne. Ils y forment le « masque doré », voilant la face de la Vérité. Le voyant prie Sûrya de rétablir leur ordre et leur juste rapport, et de reformer, par leur assemblage, l'unité de la vérité révélée. De ce travail intérieur naît la perception de l'unité de tous les êtres dans l'Âme divine de l'univers.

1. *Vâyu*, appelé ailleurs Mâtarishvan, représente l'Énergie vitale de l'univers. Dans la lumière de Sûrya, il se révèle comme principe immortel d'existence dont la vie dans ce corps, la naissance et la mort, ne sont que des processus particuliers et apparents.

2. Le terme védique *kratu* signifie quelquefois l'action elle-même, quelquefois le pouvoir producteur d'action représenté dans la conscience mentale par la volonté. Agni est ce pouvoir. Il est le divin dynamisme qui, manifesté d'abord dans la matière comme chaleur, lumière, énergie physique, se revêt ensuite, dans l'homme, des modes divers de l'activité consciente et le conduit en haut, par une manifestation progressive, jusqu'à la vérité et jusqu'à la béatitude.

manifestations. Éloigne de nous l'égarement[1] qui nous détourne. À toi nous offrons[2] notre plus entière parole de soumission.

1. *Enas*, traduit ordinairement par « péché », est, selon la conception du Véda auquel ce vers est emprunté tout entier, ce qui détourne et excite les facultés hors de leur droite voie. Il y a une voie droite, une voie d'accroissement naturel de la Lumière, de la Vérité (*Rijuh panthâ, ritasya panthâ*), conduisant d'altitude en altitude indéfiniment vers des horizons infinis (*Vitâni pristhâni*). C'est par elle que normalement la loi de notre propre nature doit nous mener vers notre pleine réalisation. Notre « égarement » l'oblige, au contraire, à cheminer le long des sentiers inégaux, bornés et pleins de détours sinueux (*duritâni, vrijinâni*).

2. Le mot *vidhema* s'emploie pour désigner l'ordonnance du sacrifice, la disposition des offrandes faites au dieu et, plus généralement, le sacrifice lui-même ou l'adoration. Le *namas*, obéissance intérieure et extérieure, représente pour le Véda la soumission à l'Être divin, en nous-mêmes et dans le monde. Ici, l'offrande est celle de la totale soumission, de l'abandon de toutes les facultés de notre nature égoïste et inférieure au pouvoir de la Volonté divine, Agni, qui, libre de toute opposition intérieure, pourra conduire l'âme humaine par la vérité vers le bonheur suprême (*râye*). Ce bonheur suprême est celui de la communion avec le pur principe d'amour et de joie en lequel les initiés védiques plaçaient la source de l'existence divine dans l'être humain. Ce sont les déformations égoïstes de ce principe qui, dans les mondes inférieurs, apparaissent comme désir et convoitise.

Analyse

Les Upanishads, étant destinées à illuminer plutôt qu'à instruire, sont composées pour des chercheurs déjà familiarisés, au moins dans l'ensemble, avec les idées des voyants védiques et védântiques et possédant même quelque expérience personnelle des réalités auxquelles elles se réfèrent. Leurs auteurs se dispensent donc d'exprimer les transitions de pensée et de développer des notions implicites ou secondaires.

Chaque vers, dans l'Ishâ Upanishad, repose sur un certain nombre d'idées, qu'implique le texte, mais qui ne s'énoncent nulle part explicitement. Les conclusions seules s'expriment ; et le raisonnement sur lequel elles reposent demeure sous-entendu. Les mots le suggèrent, mais ne le communiquent point ouvertement à l'esprit.

Le lecteur ou plutôt l'auditeur de l'Upanishad était supposé capable d'aller de lumière en lumière, fortifiant ses intuitions, les mettant à l'épreuve de l'expérience, sans les soumettre au jugement de la raison logique.

Pour la pensée moderne, une telle méthode

n'est plus applicable, Il est donc nécessaire de systématiser les idées de l'Upanishad, d'exprimer ce qu'elles suggèrent, et de faire apparaître, en suppléant au manque de transitions, leur lien, réel mais caché, d'enchaînement rationnel.

L'idée centrale de l'Upanishad, la réconciliation, l'harmonisation des opposés fondamentaux, est exprimée systématiquement dans quatre mouvements successifs de pensée.

Premier mouvement

Le premier établit, comme base fondamentale, l'idée de l'Être unique et immuable habitant et gouvernant l'univers du mouvement et des formes en mouvement (Verset 1, ligne 1).

De cette conception se déduit la loi de la vie divine dans l'homme : jouissance de tout par le renoncement à tout, par la suppression du désir (Verset 1, ligne 2).

Puis apparaît la justification des œuvres et de la vie physique par l'inaliénable liberté de l'âme, une avec le Seigneur, au sein des multiples et mouvantes activités (Verset 2).

Et pour finir, ce résultat d'une opposition ignorante à la légitime manifestation de l'Unique dans le multiple : la descente après la mort dans une aveugle obscurité (Verset 3).

Deuxième mouvement

Le deuxième mouvement résume et amplifie les idées du premier verset.

L'unique Permanent et le mouvement multiple s'identifient en le seul Brahman, dont l'unité et l'immutabilité constituent la plus haute réalité, et qui cependant contient tout et habite en tout (Versets 4 et 5).

Ainsi se fonde et se réalise la loi de la vie, par l'expérience de l'unité identifiant l'homme, ainsi libéré de toute douleur, de toute illusion, avec le « Moi » transcendantal et tous ses devenirs cosmiques (Versets 6 et 7).

Troisième mouvement

Le troisième mouvement reprend l'idée de la justification de la vie et des œuvres (sujet du verset 2), et indique les conditions de leur divin accomplissement.

C'est par degrés que l'Être unique se manifeste dans l'univers du mouvement et dans les devenirs multiples. La loi interne de toutes les existences est le fait de Sa conception et de Sa libre détermination (Verset 8).

La connaissance et l'ignorance, le devenir et la dissolution sont conciliés. Leur utilité mutuelle a pour fin la progressive réalisation de l'être qui tend de l'état du mortel à l'état d'immortalité (Versets 9 à 14).

Quatrième mouvement

Le quatrième mouvement marque un retour de la pensée vers les autres mondes. Sous le symbolisme de Sûrya et d'Agni, sont notés les rapports entre la Vérité et l'Immortalité suprêmes (Versets 15 et 16), entre les activités de cette existence (Verset 17) et les états qui suivent la mort (Verset 18).

Premier mouvement

1. – Au Seigneur tout ceci qui est, pour qu'il l'habite, et chaque chose, univers se mouvant dans l'universel mouvement. De tout cela détache-toi et jouis-en ; ne convoite aucun bien que s'approprient les hommes.

2. – Faisant, certes, les œuvres ici, on doit désirer vivre cent ans. Ainsi en est-il pour toi et non autrement. L'action n'englue pas l'homme.

3. – Sans soleil sont ces mondes enveloppés d'aveugles ténèbres, où, partis d'ici, vont tous ceux qui assassinent leur âme.

La base de l'existence cosmique

Dieu et le monde, l'Esprit et la Nature formatrice sont mis en présence et leurs relations sont fixées.

Le cosmos

Le monde entier est un mouvement subjectif de l'Esprit. Il est changeant et éphémère en toutes ses formations et dans toutes ses apparences ; sa seule éternité est une éternité de renouvellement ; sa seule stabilité celle d'une ressemblance, d'une fixité apparente de ses rapports d'organisation.

Dans l'univers, chaque objet distinct est, lui-même, l'univers total, se présentant sous un certain mode, sous un certain aspect de son mouvement. Le microcosme est un avec le macrocosme.

Cependant, dans leur relation de principe moteur et de mouvement effectif, ils sont contenant et contenu, monde dans le monde, mouvement dans le mouvement. L'individuel participe donc à la nature de l'universel. Il s'y replonge sans cesse, y trouvant la source de toutes ses activités. C'est pourquoi l'on dit qu'il est soumis à ses lois, qu'il fait partie de la Nature cosmique.

L'esprit

L'esprit est maître de son mouvement, unique, immuable, libre, stable, éternel.

Le mouvement, avec toutes ses formes, est créé pour fournir une demeure à l'Esprit qui, étant un, habite innombrable dans la multitude de ses demeures.

C'est l'unique Seigneur qui réside dans le tout et dans ses parties, dans la totalité cosmique comme en chaque être, force ou chose, du Cosmos.

Il est un et indivisible, Être unique en toutes les formes ; et leur multiplicité est un jeu de sa conscience universelle.

Chaque être est donc, dans son essence, un avec tous, libre, éternel, immuable, seigneur de la Vie.

PENSÉE DE TRANSITION

Avidyâ

L'objet de l'Esprit dans les formes est la possession et la jouissance de cet univers. Cependant, bien qu'étant par essence un, divin et libre, l'homme apparaît comme limité, divisé, soumis à la nature dont il est le produit et même le jouet, esclave enfin de la douleur, de l'ignorance et de la mort. Son objet dans la manifestation étant la possession et la jouissance de ce monde, il est, par le fait de ses limitations, dans l'impossibilité d'en jouir. Cette fin contraire a pour cause *avidyâ*, l'ignorance de l'unité ; l'égoïsme est le nœud de cette ignorance.

L'ego

Voici la cause de l'ego : bien que, par son double pouvoir de *vidyâ* et d'*avidyâ*, l'Esprit ait pour demeure à la fois la conscience du multiple, du relatif, et la conscience de l'unité, de l'identité, bien qu'il ne soit donc pas lié par l'ignorance, il peut, cependant, s'identifier dans sa conscience mentale avec l'objet en mouvement, et s'y absorber jusqu'à l'exclusion apparente de la Connaissance, qui subsiste, voilée, par-delà la mentalité. La pensée dans la Nature en arrive donc à concevoir l'objet comme la réalité et l'Identique comme limité et déterminé par les apparences de cet objet. Dans cet objet elle ne reconnaît plus l'univers même, sous l'aspect d'une de ses représentations objectives, mais l'être séparé, distinct du tout et différent, par sa nature, de tout le reste du Cosmos. C'est de même façon qu'elle conçoit aussi l'Habitant cosmique. Ceci est l'illusion de l'ignorance qui travestit toutes les réalités. Cette illusion est *ahamkâra*, le sens de séparativité égoïste qui fait que chaque être se pense comme une entité personnelle et indépendante.

Son résultat est l'inaptitude de l'être à entrer dans des rapports d'unité et d'harmonie avec l'univers, et, par suite, l'inaptitude à le posséder et à en jouir. Cependant le désir de posséder et de jouir demeure l'impulsion maîtresse de l'ego qui, obscurément, se connaît comme le Seigneur, bien qu'il soit incapable dans ses limitations relatives de se réaliser comme tel. Les conséquences en sont le conflit avec soi-même et avec les autres, la souffrance physique et mentale, le sentiment de la faiblesse, de l'impuissance, de l'obscurité, la tension excessive de l'énergie dans le désir et la passion de manifestation personnelle, puis le recul de l'énergie épuisée, déçue, vers les désintégrations de la mort.

Le désir, signe d'assujettissement, est inséparable du conflit et de la souffrance. Ce qui est libre, un, souverain, ne désire pas, mais de façon inaliénable contient, possède et jouit.

Les lois de la vie divine

La jouissance de l'univers et de ce qu'il contient est la raison d'être de tout ce qui est, mais le renoncement à tout désir est la condition de la libre jouissance de tout.

Le renoncement exigé n'est pas celui de la contrainte morale, de l'ascétique abnégation. Il consiste dans une entière libération pour l'esprit de tout attachement aux formes et aux choses.

Cette libération a pour effet la disparition de tout égoïsme et, par suite, de tout désir personnel. Pratiquement, ce renoncement consiste à ne regarder aucune chose dans l'univers comme un objet de possession nécessaire, d'appropriation individuelle pour soi-même ou quelque autre, de convoitise du cœur ou des sens.

C'est sur la perception de l'unité que se fonde cette attitude. Car il a déjà été dit que toutes les âmes sont un Soi unique, seul possesseur de toutes choses, le Seigneur ; et bien que ce Seigneur réside en chaque chose comme si elle était séparée, cependant toutes choses existent en ce Soi et non hors de lui.

Si donc, surpassant l'ego, nous prenons

conscience du Soi cosmique, en lui nous possédons l'univers intégral et n'avons plus aucun besoin de possession extérieure.

Ayant, pour l'union avec le Seigneur, un pouvoir de félicité libre de toute entrave et infini en toutes choses, il ne nous est plus nécessaire ni possible de désirer.

Étant un avec tous les êtres, nous possédons dans leur jouissance, dans la nôtre et dans celle de l'Être cosmique, toute la joie de l'universelle manifestation.

C'est par cet *Ananda*, à la fois unique et cosmique, que l'homme, libéré au-dedans, peut vivre au-dehors la pleine et vivante activité du Seigneur, immuable dans son universel mouvement.

La justification des œuvres

Cette liberté n'est pas fille de l'inaction. Cette possession intégrale n'est point nécessairement limitée à la jouissance contemplative de l'âme, immobile au sein de tout mouvement.

Bien au contraire, l'accomplissement des œuvres, en ce monde matériel, la pleine acceptation des conditions de la vie physique, entrent pour une part dans cette plénitude.

C'est par des œuvres que l'actif Brahman se réalise dans le monde, et l'homme est dans un corps pour se réaliser par l'action. Il ne peut faire autrement, d'ailleurs ; car dans le mouvement cosmique son inertie elle-même agit et devient productrice d'effets. Que ce soit en ce corps, que ce soit en un autre, il est vain de penser à s'abstenir de toute action, de vouloir échapper à la vie physique. Regarder l'inaction en soi comme un moyen de libération provient de la même ignorance qui fait regarder l'âme comme une entité distincte dans le Brahman.

L'action est, pense-t-on, incompatible avec la liberté. L'homme qui agit est supposé nécessairement captif du désir, de l'énergie formelle d'où naît l'action, comme aussi des résultats qu'elle entraîne. Cela est vrai en apparence mais non en réalité.

Le désir est un simple état de la mentalité émotive qui, par ignorance, cherche sa félicité dans l'objet et non dans le Brahman dont cet objet n'est qu'une expression. Si cette ignorance est détruite, l'action peut ne plus être la prisonnière du désir.

L'énergie d'où naît le désir est elle-même soumise au Seigneur qui se manifeste librement en elle. Atteindre par-delà la nature jusqu'au Seigneur de la nature, laisser s'absorber dans le vœu cosmique le vouloir individuel, c'est se rendre capable d'agir avec la pleine liberté divine. Les actions sont, dès lors, offertes au Seigneur, et la responsabilité personnelle prend fin dans Sa liberté.

Les chaînes du karma lient seulement les mouvements de la nature, mais non pas l'âme qui, par la connaissance de soi, cesse d'être liée même aux résultats de ses œuvres.

L'homme se libère non en devenant inactif, mais en cessant de s'identifier aux formes du mouvement, pour prendre conscience de l'identité véritable dans le soi des choses, qui est leur Seigneur.

L'autre monde

En quittant la vie physique, l'être ne sort pas de l'universel mouvement : il entre seulement dans l'un des états de conscience générale, autres que celui de l'univers matériel.

Ces états sont les uns lumineux, les autres obscurs, « sans soleil ».

La persistance des formes grossières de l'ignorance, la résistance opposée aux réalisations propres de l'âme, la dégradation de son devenir dans le mouvement objectif, conduisent l'être vers des états d'aveugle obscurité, loin des mondes de la lumière, de l'existence libre et bienheureuse.

Deuxième mouvement

BRAHMAN
L'UNITÉ DE DIEU ET DU MONDE

4. – Unique, sans mouvement, plus prompt que la pensée, Cela, les dieux même ne peuvent l'atteindre dans sa progression en avant. Cela, dans sa stabilité, distance les autres qui courent. En Cela Mâtarishvan établit les Eaux.

5. – Cela est en mouvement, Cela est sans mouvement ; Cela est lointain, Cela aussi est proche ; Cela est au-dedans de ce tout, Cela aussi est hors de ce tout.

Brahman, l'unité

Le Seigneur et le monde, même lorsqu'ils paraissent distincts, ne sont pas réellement différents l'un de l'autre : ils sont l'unique Brahman.

Unique, sans mouvement

Ainsi conçu, Dieu est l'unique, immuable et éternelle Réalité. Il est Un parce qu'il n'existe rien autre que Lui, parce que l'être et le non-être sont Lui. Il est stable, sans mouvement, car le mouvement implique le changement dans l'espace et le temps. Étant au-delà du temps et de l'espace, Il est immuable. Il porte éternellement en Lui-même tout ce qui est, a été et pourra être : Il ne peut donc ni croître ni diminuer. Il est au-delà de la causalité et de la relativité : il n'y a donc aucun changement de relations dans Son être.

Plus prompt que l'esprit

Le monde est un mouvement circulaire (*samsâra*) de la conscience divine dans l'espace et le temps. Sa loi et, dans un sens, son objet, sont la progression ; il existe par le mouvement et serait dissous par la cessation du mouvement. Mais le principe de ce mouvement n'a rien de matériel ; c'est l'énergie de la conscience active qui, par son mouvement interne et par sa multiplication en des principes différents (différents dans leur apparence, non dans leur essence), crée les oppositions d'unique et de multiple, les divisions du temps et de l'espace, les rapports de combinaison, la causalité. Toutes ces choses, réelles dans leur conscience propre, ne sont que des symboles de l'Être ; comme les imaginations de la pensée formatrice qui, tout en étant de vraies représentations d'elle-même, n'ont point, par rapport à elle, le même degré, ou, si l'on veut, le même genre de réalité.

Mais ce n'est point la conscience mentale qui crée l'univers. C'est quelque chose d'infiniment plus puissant, plus prompt et plus libre que la pensée. C'est, par-delà toutes les lois du relatif, la pure, omnipotente Conscience de l'Absolu. Ces lois, que maintiennent les dieux, sont Ses créations temporaires. Leur apparente éternité n'est que la durée, incommensurable pour nous, des mondes qu'elles gouvernent. Elles régissent le mouvement et toutes ses transformations, non le Seigneur du mouvement. Les dieux sont donc représentés comme « courant » perpétuellement. Mais le Seigneur est libre : Il n'est point affecté par Son mouvement propre.

Cela est mouvement, cela est sans mouvement

Le mouvement du monde se déploie sous la direction d'une permanente stabilité. Le changement apparent traduit l'infinie réciprocité de tous les rapports possibles en la Conscience immuable.

Ce sont ces vérités qui s'expriment dans la formule de « l'Unique sans mouvement qui est plus prompt que la pensée ; Cela qui est en mouvement et sans mouvement, Cela qui, dans sa stabilité, distance les autres qui courent ».

PENSÉES DE TRANSITION

La multitude[1]

Si l'Unique est prééminemment réel, « les autres », la multitude, ne sont pas irréels : le monde n'est pas une fiction de la pensée.

L'unité est la vérité éternelle des choses, et la diversité un jeu de l'unité. Le sens de l'unité est donc appelé connaissance, *vidyâ* ; le sens de la diversité, ignorance, *avidyâ*. Mais la diversité ne devient illusoire que si elle est perçue hors de son éternelle unité.

Brahman est un, essentiellement, mais non pas numériquement. L'unité numérique doit être conçue, en effet, soit comme excluant toute multiplicité, soit comme la contenant, étant elle-

1. La série des idées contenues sous ce titre me semble être l'indispensable base métaphysique de l'Upanishad. L'Ishâ Upanishad n'enseigne pas un pur et exclusif monisme ; elle formule l'Unique sans nier le multiple : sa méthode consiste à regarder l'Unique dans le multiple, à affirmer simultanément la validité de *vidyâ* et d'*avidyâ*, à concilier l'objet de l'action et celui de la connaissance en concevant une Immortalité compatible avec la Vie et la Naissance dans ce monde. Elle considère chaque chose comme étant en elle l'univers même, chaque âme comme le divin Purusha. L'ensemble de ces idées ne peut s'accorder qu'avec un monisme synthétique et compréhensif, fort opposé au monisme exclusif qui ne voit dans ce monde qu'une illusion.

même divisible en parties. Telle n'est pas l'unité de Brahman qui ne peut être ni divisé, ni diminué, ni accru.

Les multiplicités de l'univers sont parfois regardées comme faisant partie de l'universel Brahman, au même titre que les vagues font partie de la mer. Mais, en vérité, chacune des vagues est cette mer même, leurs diversités étant celles d'apparences superficielles créées par le mouvement de la mer.

Or, comme chaque objet dans l'univers est vraiment l'univers entier sous l'un de ses aspects innombrables, de même chaque âme individuelle est Brahman se regardant lui-même et toutes choses, d'un centre de conscience cosmique.

Cela, donc, est non pas simple, mais identique. Identique toujours et partout, dans le temps et l'espace, identique au-delà du temps et de l'espace. Numériquement l'un et le multiple sont des termes également adéquats de son essentielle Identité.

Ces termes, comme tous les autres, sont des représentations de la libre et toute créatrice Conscience de soi de l'Absolu, *Chit*, se regardant comme variée, infinie, innombrable, et formulant ce qu'elle regarde. En *Chit* est le pouvoir non seulement de connaissance, mais aussi de volonté expressive ; non seulement de vision réceptive, mais aussi de représentation formatrice, ces deux choses n'étant que les deux formes d'un même pouvoir. Car *Chit* est une action de l'être et non du vide. Ce qu'il voit, devient. Se voyant au-delà de l'espace et du temps, il devient le principe de l'espace et du temps.

La création n'est pas la production ou la projection de quelque chose hors de rien ou d'une chose hors d'une autre, mais l'objectivation de Brahman lui-même dans les catégories de l'espace et du temps. La création n'est pas une construction mais un devenir, dans les conditions et les formes de l'existence consciente.

Dans le devenir, chaque individualité est Brahman diversement représenté et entrant en rapports divers avec lui-même dans le jeu de sa conscience divine : chaque individualité qui est, est tout Brahman.

Absolu et universel, Brahman, dans la relativité, se tient, pour ainsi dire, comme en arrière de lui-même. Il conçoit, par un mouvement secondaire de la conscience, l'individuel comme autre que l'universel, le relatif comme étranger à l'absolu. Sans ce mouvement distinctif, l'individu tendrait toujours vers la dissolution dans l'universel, le relatif disparaîtrait dans l'absolu. Ce mouvement comporte donc une réaction correspondante de l'individuel qui se regarde comme « autre » que l'universel et transcendant Brahman, et « autre » que le reste de la multiplicité. Il se retire ainsi de l'identité et fortifie le jeu de l'Être dans la séparativité de l'ego.

L'individuel peut se regarder soit comme éternellement différent de l'Unique, soit comme éternellement un avec lui, bien que distinct de lui. Il peut aussi se replonger entièrement dans la pure conscience de l'Identité[1]. Mais il ne peut d'aucune façon se regarder comme indépendant de toute unité, une telle vue ne correspondant à rien de concevable dans l'univers ou au-delà de lui.

Ces trois attitudes correspondent à trois vérités de Brahman, vraies simultanément non isolément, vraies si elles se complètent non si elles s'excluent. Leur simultanéité, difficile à concevoir pour l'intelligence logique, peut être expérimentée par l'identification consciente avec Brahman.

Même quand nous affirmons l'Unité, nous devons nous souvenir que Brahman est au-delà de nos distinctions mentales ; que cette Unité est le fait non de la pensée qui discerne, mais de l'Être qui est absolu, infini, et qui échappe au discernement.

Notre conscience est représentative et symbolique. Elle ne connaît pas l'Absolu en soi, et ne le conçoit que d'une façon négative, en le vidant de tout ce que, sous forme d'univers, il contient. Mais l'Absolu n'est pas un vide. Il n'est pas une négation. Il est tout ce qui est dans le temps comme hors du temps.

Car l'unité n'est qu'une représentation. Elle n'existe que par rapport au multiple. *Vidyâ* et *avidyâ* sont également pouvoirs éternels du suprême *Chit*. Ni *vidyâ* ni *avidyâ*, en elles-mêmes, ne sont l'absolue connaissance[2].

---

1. Ce sont là les principes des trois plus importantes écoles de philosophie védântique : *Dvaïta* (dualisme), *Vishishtâdvaïta* (monisme atténué), *Advaïta* (monisme exclusif).

2. Voir versets 9-11.

C'est pourtant l'Unité et non la multiplicité qui constitue la base secrète de tous les rapports. L'Unité génère et soutient la multiplicité ; la multiplicité ne génère ni ne soutient l'Unité.

Nous devons donc concevoir l'Unité comme le « Moi » et la nature essentielle de l'Être ; la multiplicité comme la représentation du « Moi » et son devenir. Nous devons concevoir Brahman comme le Soi unique de tout et la multiplicité comme les devenirs de cet Être unique (*Bhûtâni… Âtman*). Le Soi et les devenirs sont tous deux Brahman ; on ne peut considérer l'un comme Brahman et l'autre comme illusoire, car ils sont réels l'un et l'autre : l'un d'une réalité essentielle et compréhensive ; l'autre, dérivée et conditionnelle.

La course des Dieux

Brahman, se manifestant dans l'univers comme le Permanent, par l'Existence immuable (*Sat*), est Purusha, l'Esprit divin ; se manifestant comme mouvement, par son pouvoir de conscience active (*Chit*), il est la Nature, la Force, le Principe du monde (*Prakriti, Shakti, Mâyâ*)[1]. Le jeu de ces deux principes forme la vie de l'univers.

---

1. *Prakriti*, la nature effective, par opposition à *Purusha*, l'Âme directrice qui prend conscience et jouit des travaux de Prakriti.

Shakti, le pouvoir conscient de soi, existant en soi, du Seigneur (*Ishvara, Deva* ou *Purusha*) qui s'exprime dans les œuvres de Prakriti.

Les Dieux sont Brahman se manifestant comme Personnalités cosmiques, à travers lesquelles l'action impersonnelle de l'unique Divin apparaît comme jeu varié des principes de la Nature.

Les « autres » sont les *Sarvabhûtâni*, les devenirs, dont un des vers suivants fait mention. Ils sont Brahman se manifestant dans la conscience distinctive de la multitude.

Tout dans l'univers, y compris les Dieux, semble se mouvoir, au sein du total mouvement, vers un but objectif et autre que celui de l'immédiate et subjective pensée de soi. Brahman est le but, le commencement et la fin, la cause et l'effet de tout mouvement.

Mais l'idée d'un but final du mouvement de la Nature est illusoire. Car Brahman étant absolu et infini, les Dieux, dans leur effort pour l'atteindre, trouvent, à chaque but nouveau, Cela toujours plus éloigné et tendant vers de toujours plus lointaines réalisations. Rien dans les apparences de l'univers ne peut représenter entièrement Cela pour la conscience du relatif ; tout n'est que figurations symboliques de l'Inconnaissable.

Mâyâ, au sens védique primitif, était la connaissance compréhensive et créatrice, la Sagesse éternelle, devenue plus tard, par un sens dérivé, l'Illusion astucieuse et magique. Ce dernier sens ne peut s'appliquer qu'à la nature inférieure (*Aparâ Prakriti*) qui, ayant délaissé la Sagesse divine, s'absorbe uniquement dans la pensée séparative de l'ego. C'est dans son sens le plus ancien que le mot *Mâyâ* est employé, bien rarement d'ailleurs, par les Upanishads.

Toutes choses sont déjà réalisées en Brahman. La course des « autres », le mouvement de la nature, est simplement la manifestation (*Prakriti*), par la causalité, dans le temps et l'espace, de quelque chose que Brahman possède déjà. Même en tant qu'être universel, Brahman dépasse le mouvement.

Dépassant le temps, Il contient en Lui-même, simultanément, le passé, le présent, le futur, et n'a pas à « courir » jusqu'au terme conceptible des successions. Dépassant l'espace, Il contient identiquement toutes les formations en Lui-même, et n'a pas à « courir » jusqu'aux limites de l'espace conceptible. Dépassant la causalité, Il contient en Lui tous les possibles éventuels sans être lié par l'enchaînement apparent des causes, qui les régit dans l'univers. Tout est déjà réalisé en Lui, le Seigneur, avant que cela puisse s'accomplir, par le mouvement, dans les individualités séparées.

Le principe de la vie
Mâtarishvan et les eaux

Quelle est donc Son intention dans le mouvement ?

Le mouvement est une harmonie, un rythme que Cela, en tant que Vie universelle, développe sous forme d'images multiples et successives de Lui-même dans la conscience de l'être. Dans son ensemble, le mouvement est la formule symbolique de l'Inconnaissable, chacune de ses formes, en chaque domaine de conscience, représentant quelque chose qui est au-delà, profondeur de sa profondeur, et principe de son principe. Tel est le « jeu[1] » de la Conscience divine existant pour sa propre satisfaction et n'ajoutant rien à ce qui déjà est complet. Car l'existence consciente se justifie par elle-même et n'a d'autre fin qu'elle-même. L'idée de finalité est née d'une révélation progressive de la vraie nature du monde aux âmes individuelles habitant ses formes. Car l'Être se révèle graduellement à lui-même dans ses devenirs. Sa notion d'unité réelle émerge progressivement de la multiplicité des images et change entièrement leurs valeurs pour sa conscience.

Cette révélation propre dépend tout entière des conditions déterminées par la complexité même des activités cosmiques de la conscience.

Cette conscience, en effet, n'est point simple ni homogène ; elle est septuple, ce qui signifie qu'elle se constitue elle-même dans les sept formes et les sept degrés descendants de l'activité consciente qui vont de l'Être pur jusqu'à l'être physique. C'est leur jeu réciproque qui crée les mondes, engendre tous les devenirs et génère tous les mouvements.

Brahman est toujours le support de ce jeu, ou, si l'on veut, de ce travail. Dans l'espace et le temps, Brahman est l'univers. Dans son universel

---

1. *Lîlâ*, selon l'image vishnouïte appliquée généralement au jeu de la divinité personnelle dans le monde, mais également applicable à celui de l'impersonnel et actif Brahman.

déploiement, Cela se manifeste comme Nature formatrice, Mère universelle de toutes choses, et tout d'abord comme Matière, *Prithivi*, principe terrestre.

Brahman, dans la matière et dans l'être physique, se manifeste comme *Mâtarishvan*, Puissance de vie universelle, qui met en œuvre le *prâna*, l'énergie dynamique, principe effectif de toutes les constructions formatrices.

La vie universelle, involuée dans la matière, crée la conscience septuple ; et l'action du *prâna*, énergie dynamique, sur la matrice des choses, fait surgir les diverses formes et préside à toutes leurs évolutions.

PENSÉE DE TRANSITION

Les eaux

Il y a donc sept éléments constitutifs de *Chit*, à l'œuvre dans l'univers.

Nous sommes habituellement conscients de trois de ces éléments dans notre être : le mental, le vital et le corporel. De leur combinaison dépend l'équilibre instable de notre existence changeante et morcelée, toute faite du conflit entre les forces contraires, les polarités positives et négatives de la naissance et de la mort. Car toute vie est une constante naissance, un constant devenir (*sambhava, sambhuti*, des versets 12-14).

Et d'autre part, toute naissance entraîne une mort, une dissolution constante de ce qui devient, en vue d'un nouveau devenir possible. Cet état de l'existence imparfaite est donc appelé *mrityu*, mort, et défini comme un état qui doit être traversé et dépassé (Versets 12-15). Cet état n'est pas celui de l'être intégral ; il n'est pas en nous l'être essentiel. Par-delà se trouve une existence supraconsciente, comprenant elle aussi trois éléments constitutifs : *Sat, Chit-Tapas* et *Ananda*.

Sat est l'essence de notre être en soi, infini et indivisible, par opposition à l'être composé qui ne subsiste que par la transformation constante de la substance la plus physique. *Sat* est la divine contrepartie de cette substance.

Chit-Tapas est l'énergie pure de la conscience, sa force dans le repos ou l'action, sa souveraineté dans la volition, par opposition aux énergies dynamiques entravées du *prâna* qui, se nourrissant des substances physiques, dépendent d'elles et sont limitées par leurs possibilités de sustentation[1]. *Tapas* est la divine contrepartie de cette énergie inférieure, nerveuse ou vitale.

Ananda est la béatitude, la félicité de la pure existence consciente, par opposition aux choses des sens et des émotions qui sont à la merci des contacts externes, des actions et des réactions de la vie et de la matière : joie, peine, plaisir et souf-

1. C'est pourquoi la substance physique est appelée dans les Upanishads *annam*, nourriture. À son origine, cependant, le mot signifiait simplement être ou substance.

france. *Ananda* est la divine contrepartie de l'être inférieur, émotif et sensoriel.

La plus haute existence, propre au divin *Sachchidânanda*, étant une et cause d'elle-même, ne peut être troublée par les images de naissance et de mort. Elle est donc appelée *amrita*, immortalité, et proposée comme l'état de félicité vers lequel il faut tendre, et dont l'être jouit lorsqu'il dépasse l'état de la mort (Versets 12, 15, 17, 18).

La plus haute existence divine s'associe à l'existence mortelle inférieure par la pensée causale[1] ou supramentale, *vijnâna*. C'est la pensée causale qui, servant de support et de guide secret aux activités mélangées, mentales, vitales et corporelles, organise les constructions exactes de l'univers et les contraint d'être. Elle est appelée dans le Véda « Vérité », parce qu'elle représente pour la vision directe la vérité des choses, étant à la fois indépendante d'elles et incluse sous leurs apparences ; « Justice » ou « Loi », parce que contenant en elle le pouvoir effectif de *Chit*, elle fait évoluer toutes choses conformément à leur nature avec une maîtrise et une justesse parfaites ;

1. Non pas la pensée mentale abstraite, mais la Pensée réelle, Conscience, Force et Béatitude de l'Être, précipitée en une conscience discriminatrice, qui embrasse toutes les vérités et toutes les puissances de sa propre existence, qui porte dans sa connaissance de soi la volonté de se manifester, la puissance de toutes ses possibilités et la puissance de toutes ses formes. Elle est puissance qui agit et réalise, aussi bien que connaissance maîtresse de ses propres activités.

« Infinitude », parce qu'elle a l'ampleur de l'intelligence infinie, compréhensive de toutes les activités du Cosmos.

En tant que Vérité, *vijnâna* conduit vers l'Unique la conscience divisée, en même temps qu'elle aperçoit dans le multiple la vérité de toutes choses. *Vijnâna* est la divine contrepartie de l'intelligence inférieure qui est celle de la division.

Les rishis védiques nomment ces sept pouvoirs de *Chit* : « Les Eaux », et les représentent comme sept courants s'immergeant dans l'océan[1] de la conscience humaine ou émergeant d'elle. Ces sept pouvoirs, coexistants ou coéternels, sont dans l'univers inséparables, bien que chacun d'eux puisse s'exercer et se manifester successivement en chacun des autres. Involués dans la nature physique, ils doivent nécessairement s'en évoluer. Ils peuvent être retirés dans le sein du pur Infini ou s'émaner à nouveau de lui.

Le déploiement et le reploiement de l'Unique dans la multitude et de la multitude dans l'Unique, telle est la loi de l'éternel retour des cycles cosmiques.

La vision de Brahman

L'Upanishad nous enseigne donc à percevoir Brahman en tout l'univers et dans notre propre existence, à le concevoir de façon compréhensive,

---

1. *Hridya samudra*, l'océan du cœur (Rig Véda, IV, 585).

à le contempler à la fois dans le repos et le mouvement, dans l'éternel et immuable Esprit et dans les manifestations changeantes de l'universelle relativité.

Car toutes les choses de la succession et de la durée, les lointaines et les proches, l'immémorial passé comme l'immédiat présent et l'infini futur, tous leurs souvenirs et leurs devenirs, ne sont que l'Unique Brahman.

Brahman est ce qui dépasse, contient et supporte tout l'ensemble et tous les êtres du Cosmos. Il est au-delà du temps, de l'espace et de la causalité, comme il est dans le temps, l'espace, la causalité. Il préside à tout et réside en tout. Il excède et possède tout.

Tel est le transcendant et immanent, l'universel et individuel Brahman, le Seigneur, l'Esprit, l'objet et le sujet de toute connaissance.

Sa réalisation en nous est la condition de la perfection, le chemin de l'Immortalité.

ACCOMPLISSEMENT DE SOI

6. – Mais celui qui perçoit tous les devenirs dans l'Être même et l'Être en tous les devenirs, celui-là alors ne se replie plus.

7. – Pour qui l'Être même est devenu tous les devenirs, pour qui sait, où la confusion ? où la douleur ? pour qui perçoit en tout l'Unité.

L'accomplissement de soi

Brahman est, subjectivement, Âtman, le Soi, l'existence immuable de tout ce qui est dans l'univers. Les choses qui changent en nous, la pensée, la vie, le corps, le caractère, le tempérament, l'action ne sont pas notre vrai et inchangeable « moi », mais des devenirs du Soi dans le mouvement, *jagati*.

Dans la Nature, donc, toutes les existences, animées ou inanimées, sont des devenirs de l'unique et universel Soi. Toutes les créatures sont une Existence identique et indivisible. Telle est la vérité que chaque être doit réaliser.

Lorsque cette unité a été réalisée par l'individu dans chaque partie de son être, il devient parfait, pur, libéré de l'ego et des oppositions de contraires ; il possède l'entière béatitude divine.

Âtman

L'Âtman, notre vrai moi, est Brahman ; c'est l'Être pur et indivisible, lumineux en soi, concentré dans sa conscience, et source de joie pour lui-même. Son existence est Lumière et Félicité. Il est sans temps, sans espace, libre.

Le triple Purusha[1]

L'Âtman se manifeste à la conscience de la créature en ses trois états, résultant d'un triple rapport entre Purusha et Prakriti, l'Âme et la Nature. Ces trois états sont *akshara*, immobile, immuable ; *kshara*, mobile, changeant, et *para* ou *uttama*, le plus haut, le suprême.

Le *kshara Purusha* est le Soi reflétant les transformations, les changements de la Nature, auxquels il participe immergé dans la conscience du mouvement et semblant, en lui, naître et mourir, s'accroître et diminuer, progresser et évoluer. L'*Âtman*, comme *kshara*, prend plaisir au changement, à la division, aux oppositions ; il régit secrètement ses propres variations mais semble être régi par elles ; il goûte les contraires du plaisir et de la douleur, du bien et du mal, mais paraît être leur victime ; il contient et soutient les actions de la Nature par lesquelles il semble être lui-même créé. Car toujours, inaliénablement, le Soi est Ishvara, le Seigneur.

L'*akshara Purusha* est le Soi hors des mouvements et changements de la Nature, calme, pur, impartial, indifférent, les observant sans y participer, les dominant comme d'un sommet, ne s'immergeant pas dans leurs eaux. Le calme Soi est le ciel qui jamais ne change ni ne se meut, regardant en bas vers les eaux qui jamais ne sont en repos. L'*akshara* est la liberté du *kshara*.

1. Bhagavad-Gîta, XV, 16-17. Voir aussi *ibid.*, XIII.

Le *para Purusha* ou *Purushottama* est le Soi qui goûte et supporte également l'immobilité et le mouvement sans être ni conditionné ni lié par l'un ou par l'autre. C'est le Seigneur, Brahman, le Tout, l'Indéfinissable et Inconnaissable.

C'est ce suprême Soi qui doit être réalisé à la fois dans l'immobile et le changeant.

Purusha dans Prakriti[1]

L'*Atman*, le Soi, se manifeste différemment en chacun des sept états de la Nature, suivant la nature du principe dominant dans la conscience de l'être individuel.

Dans la conscience physique, l'*Âtman* devient l'être matériel, *annamaya Purusha*,

Dans la conscience vitale ou nerveuse, l'*Âtman* devient l'être vital ou dynamique, *prânamaya Purusha*.

Dans la conscience mentale, l'*Âtman* devient l'être mental, *manomaya Purusha*.

Dans la conscience supra-intellectuelle dominée par la Vérité ou Idée causale (appelée dans le Véda *satyam ritam brihat*, le Vrai, le Juste, l'Immense), l'*Atman* devient l'être idéal ou « grande Âme », *vijnânamaya Purusha* ou *Mahat Âtman*[2].

Dans la conscience d'universelle Béatitude, l'*Âtman* devient l'être bienheureux, l'Âme de féli-

1. Cf. Taittirîya Upanishad, II, 1-6.
2. Il est souvent question dans les Upanishads du *Mahat Âtman*, le Soi vaste. Il est aussi appelé *bhûmâ*, le large.

cité productrice de toutes choses, *ânandamaya Purusha*.

Dans la divine et infinie Conscience de soi qui est aussi l'infinie Volonté réalisatrice (*Chit-tapas*), l'*Âtman* est l'Âme ommiconsciente, Source et Seigneur de l'univers, *chaitanya Purusha*.

Dans la conscience de l'état divin d'Existence pure, l'*Âtman* est *sat Purusha*, le pur Soi divin.

L'homme étant un, dans son vrai moi, avec le Seigneur qui habite toutes les formes, peut participer, en vivant en eux, à l'expérience de chacun de ces états du Soi dans le monde. Il peut être tout ce qu'il veut, depuis l'être matériel jusqu'à l'être parfaitement bienheureux. Par l'*ânandamaya*, il peut entrer dans les états de *chaitanya* et de *sat Purusha*.

Sachchidânanda

Sachchidânanda est la manifestation du plus haut *Purusha* ; sa nature d'être, de conscience, de pouvoir et de bénédiction infinis est la plus haute nature, *parâ Prakriti*. La mentalité, la vie et le corps constituent la nature inférieure, *aparâ Prakriti*.

L'état de *Sachchidânanda* est la plus haute part de l'existence universelle, *parârdha*, dont le principe est Immortalité, *amrita*. L'état d'existence mentale et vitale dans la matière en est la part inférieure, *aparârdha* ; son principe est la mort, *mrityu*.

La pensée, la vie et le corps sont dans l'état de mort parce qu'ils ne peuvent, par ignorance, réaliser *Sachchidânanda*. En réalisant parfaitement *Sachchidânanda*, la pensée se transforme en la nature de la Vérité, *vijnâna* ; la vie en celle de *chaitanya*, la conscience ; le corps en la nature de *sat*, qui est l'essence pure.

Quand ceci ne peut être fait parfaitement dans le corps, l'âme réalise sa vraie nature en d'autres états, en d'autres mondes d'existence, mondes « ensoleillés », états de félicité, puis elle revient à l'existence matérielle pour compléter son évolution dans le corps.

Une progressive et parfaite réalisation dans le corps est le but de l'évolution.

Il est aussi possible à l'âme de se retirer pour un temps indéterminé dans le pur état de *Sachchidânanda*.

La réalisation du Soi comme *Sachchidânanda* est le but de l'existence humaine.

La condition de l'accomplissement de soi[1]

Sachchidânanda est l'état constant du pur *Âtman* qui peut, soit demeurer concentré sur soi et comme étranger à l'univers, soit s'étendre en lui, l'animer, l'étreindre comme son Seigneur.

---

1. J'ai réuni sous ce titre et le précédent les idées principales des Upanishads relatives au Soi, bien qu'elles ne soient pas expressément énoncées ou indiquées dans notre texte. Elles sont indispensables, en effet, pour éclairer non seulement la complète philosophie de ces Écritures, mais encore le rapport des pensées de cette Upanishad.

En réalité, il fait les deux simultanément (Verset 8).

Le Seigneur pénètre l'univers comme le *Virat Purusha*, l'Âme Cosmique (*Paribhu* du huitième verset, « l'Un qui devient partout »). En chaque objet de l'universel mouvement, il est, pour la connaissance, le Brahman revêtu de conscience et de forme individuelles ; pour l'ignorance, une individualité limitée. Il se manifeste comme *jîvâtman*, le soi individuel, dans la créature vivante.

Du point de vue de la nature inférieure, dans ce royaume de limitation et de mort, *Atman* est *Sachchidânanda*, l'être supra-mental qui reflète la mentalité. Si la mentalité est pure, brillante, paisible, la réflexion est exacte ; si elle est troublée, impure et obscure, la réflexion se fausse sous l'action déformante de l'ignorance.

De l'état de la mentalité réflectrice dépend donc soit la pure Connaissance en soi, soit une obturation, un obscurcissement de la connaissance dans les contraires de l'erreur et de la vérité ; soit l'activité d'une Volonté pure de tout égoïsme, soit l'obturation, l'obscurcissement de la Volonté dans les opposés de l'action bonne et mauvaise, du péché et de la vertu ; soit l'état, le « jeu » sans mélange de la pure félicité, soit son obscurcissement et sa perversion dans les distinctions de juste et d'injuste, de plaisir et de peine, de souffrance et de joie.

C'est la conscience de l'ego mental qui, par la division et la limitation du Soi, crée cette triple déformation. Toute limitation provient du *kshara Purusha* s'identifiant avec les formations changeantes de la Nature dans le corps séparé, la vie individuelle et la mentalité égoïste, et excluant la conscience de l'unité en toute existence et entre toutes les existences.

Cette exclusion est une habitude fixe de l'intelligence provenant des phases antérieures de son évolution dans le mouvement. Elle n'est pas la loi nécessaire de la conscience. Son affaiblissement et sa finale disparition sont une condition de l'accomplissement de soi.

Le commencement de la sagesse, de la perfection, de la joie, réside dans la vision de l'Unique.

Les étapes de l'accomplissement de soi, la vision du tout

Le premier pas vers l'accomplissement de soi est l'acquisition du sens de l'unité avec toutes les existences cosmiques. Sa première forme imparfaite est l'effort pour comprendre et sympathiser, la tendance à l'amour, à la compassion élargie, le sens de la fraternité, le besoin de travail pour l'amour des autres.

L'unité qui s'ensuit est une unité composée, une association d'unités similaires. Elle a le caractère d'une solidarité collective plutôt que d'une unité véritable. La multiplicité des existences demeure réelle pour la conscience, l'unique n'existant que dans leur totalisation.

La vraie connaissance débute par la perception de l'unité essentielle : une matière, une vie, un esprit, une âme, jouant dans les formes multiples.

Quand cette Âme des choses est perçue comme *Sachchidânanda*, alors la connaissance est parfaite. Car nous percevons la matière comme étant seulement un jeu de la vie ; la vie comme un jeu de l'intelligence s'évertuant dans la substance ; l'esprit comme un jeu de l'Idée causale manifestant diversement en toutes les formes mentales possibles la Vérité de l'être ; la Vérité, enfin, comme un jeu de *Sachchidânanda,* manifestation propre d'un suprême Inconnaissable, *Para-Brahman* ou *Para-Purusha.*

Nous percevons en tous les corps l'âme comme le Soi unique, *Sachchidânanda* se multipliant en des consciences individuelles ; et toutes les mentalités, toutes les vies, tous les corps, comme les formations actives d'une même existence, d'une extension d'être du Soi.

En cette vision du Soi dans tous les êtres, de tous les êtres dans le Soi, est le fondement interne de la liberté, de la joie, de la paix parfaites.

Dans la mesure où cette vision se fait plus intense et complexe, la mentalité individuelle bannit d'elle toute *jugupsâ,* c'est-à-dire toute répulsion, toute contrainte, tout dégoût, toute peur, toute haine et autres perversions nées de la division, de l'opposition d'une sensibilité personnelle à l'égard des êtres et des choses qui l'environnent. La parfaite égalité d'âme est acquise[1].

1. L'état décrit dans la Gitâ : *samatva. Jugupsâ* est la sensation de répulsion causée par le manque d'harmonie entre l'être limité et ce qui l'entoure. De là sa répugnance pour la douleur, la peur, la haine, la privation, la souffrance. Son opposé est l'attraction, source du désir et de l'attachement. Lorsque la répulsion et l'attraction disparaissent, l'état de *samatva* est acquis.

La vision du soi dans ses devenirs

La vision du Soi n'est pas suffisante. L'être doit devenir ce qu'intérieurement il perçoit. Toute sa vie interne doit être transformée afin qu'en toutes ses parties soit manifesté pleinement ce qui est conçu par l'intelligence et perçu par la sensation.

L'âme individuelle se déployant dans l'universel par la vision de l'unité (*ekatvam anupashyatah*, voyant partout l'unité), accordant ses pensées, ses émotions et ses sensations avec la parfaite connaissance du rapport des choses, par l'acquisition de la Vérité (*vijânatah*, la parfaite connaissance), doit reproduire en elle l'acte de conscience divin par lequel l'Être unique, l'éternel Soi manifeste en lui-même la multiplicité du monde (*sarvâni bhûtâni âtmaiva abhût*, l'Être même est devenu tous les devenirs).

La vision humaine égoïste est donc celle d'un monde composé d'innombrables créatures distinctes, chacune d'elles existant en soi, différant de toutes les autres, et tâchant de tirer des autres et du monde le plus grand profit possible. Pour la vision divine, au contraire, le monde est l'Être unique se percevant lui-même, vivant en d'innombrables existences qui sont la Sienne propre, supportant, aidant tout impartialement, travaillant selon des méthodes fixées dès le commencement, depuis les temps immémoriaux, au divin accomplissement, à la grande harmonie progressive du Devenir dont le terme est *Sachchidânanda*, Immortalité. Tel est le point de vue du Soi comme le Seigneur animant le mouvement intégral. L'âme individuelle doit transformer sa vision humaine égoïste en cette vision divine, suprême et universelle et en vivre l'accomplissement.

Dans l'équation *so'ham*, « je suis Lui », elle doit acquérir la connaissance du Soi transcendant, et par cette connaissance de l'unité, étendre son existence consciente jusqu'à embrasser toute la multiplicité.

Ceci est le double et synthétique idéal de l'Ishâ Upanishad : embrasser simultanément *vidyâ* et *avidyâ*, l'Un et le multiple ; vivre dans le monde, mais en changer les termes mortels en termes d'immortalité ; posséder à la fois la paix et la liberté de ce qui ne naît point, et l'activité qui résulte de la naissance (Versets 9 à 14).

Tous les états de la nature inférieure doivent consentir à cette réalisation ; la percevoir avec l'intelligence ne suffit pas : il faut que le cœur y adhère par son amour de toutes choses et par sa joie en toutes choses ; la conscience mentale en percevant partout le Divin et toutes choses comme elle-même ; la vie tout entière en comprenant, en adoptant comme siennes propres toutes les énergies du monde et toutes leurs fins.

L'active béatitude

Cette réalisation est celle de la parfaite béatitude embrassant l'action, mais délivrée de la souffrance et de l'illusion.

Aucune possibilité d'illusion (*moha*) ; car l'âme, ayant acquis la perception de l'Impensable en toute existence, et n'étant plus dès lors enchaînée par le devenir, ne peut accorder de valeur absolue à aucun des objets particuliers de cet univers, ni le regarder comme existant par soi et désirable en soi. Toutes choses pour elle sont occasion de jouissance. Toutes ont leur valeur comme manifestations du Soi, à cause du Soi qui se manifeste en elles, mais aucune pour elle-même[1]. Le désir, l'illusion se sont évanouis pour faire place à la connaissance, à l'active félicité de l'universelle possession.

Aucune possibilité de peine, car tout est vu comme *Sachchidânanda*, c'est-à-dire comme existence consciente, volonté et béatitude infinies. La souffrance et la douleur elles-mêmes apparaissent comme les formes dénaturées de l'*Ananda*. Et cet *Ananda* qu'elles voilent, mais qu'elles préparent aussi pour l'existence inférieure (car dans l'évolution toute souffrance est préparatrice de force et de joie), est déjà saisi, connu et goûté par l'âme libérée et devenue parfaite. Car en elle est l'éternelle Réalité dont souffrance et douleur sont les apparences.

Ainsi est-il possible pour qui réalise en soi l'unité de Dieu et du monde (*Ish* et *jagat*), par la connaissance intégrale du Brahman et par l'ascension vers le pur Soi, hors du devenir, de renoncer au désir et à l'illusion, et pourtant de goûter, en toutes les choses de l'univers, le Divin,

1. Brihadâranyaka Upanishad, IV, 5, 6.

par une lumineuse et libre identification avec le *Sachchidânanda* de toutes les existences.

Conclusion

Ce second mouvement nous fournit donc l'explication du premier distique de l'Upanishad. L'idée du premier vers est que toutes les âmes sont l'unique Seigneur habitant chaque chose dans l'univers, et que chaque chose est un univers se mouvant dans l'universel mouvement. Cette idée trouve sa complète justification dans le concept moniste du Brahman transcendantal et universel – même dans l'individuel – un dans la multitude, multiple dans l'un, stable et en mouvement, dépassant et réconciliant tous les opposés.

Le second vers formule comme règle de la vie divine et comme condition de la jouissance de tous les biens, en esprit, l'universel renoncement au désir. Il trouve son explication dans ce qui a été dit de l'accomplissement, en chacun, du Soi transcendant, de l'Être unique et véritable, du *Sachchidânanda* dont l'univers est le devenir, tel que le conçoit la vraie connaissance ; seule l'ignorance étant cause de désirs et de répulsions, d'illusions et de souffrance.

Troisième mouvement

LE SEIGNEUR

8. – Lui s'est diffusé, lumineux, incorporel, sans défaut, sans organes, pur, invulnérable au mal. Le Voyant, le Penseur, Celui qui devient tout, qui existe en soi, a ordonné les choses selon leur loi depuis les âges infinis.

« Lui »

Dans son troisième mouvement, l'Upanishad reprend l'idée de la justification des œuvres, indiquée déjà en termes généraux au second verset, et la fonde de façon plus précise sur la conception du Brahman ou du Soi comme le Seigneur – *Ish*, *Ishvara*, *Para-Purusha*, *Sa* (Lui) – Cause de l'Être et de l'univers, qui dans son existence propre conçoit et effectue toutes choses, et gouverne, par Sa loi des œuvres, les rythmes du mouvement et la progression des mondes à travers le temps éternel.

Ce serait une erreur de croire que les Upanishads enseignent comme seule existence vraie celle d'un impersonnel et inactif Brahman, d'un Dieu sans attributs ni qualités, sans pouvoirs. Elles affirment plutôt l'existence d'un Inconnaissable qui se manifeste à nous sous le double aspect de la Personnalité et de l'Impersonnalité. Lorsqu'elles veulent définir cet Inconnaissable de façon générale et compréhensive, elles se servent du neutre et l'appellent *Tat*, Cela ; mais ce neutre n'exclut pas l'aspect de la Personnalité universelle et transcendantale agissant dans le monde et le gouvernant[1]. Quand c'est sous cet aspect, au contraire, qu'elles entendent le définir, elles se servent le plus souvent du masculin, *Sa*, Lui, ou bien emploient le terme *Deva*, Dieu ou le Divin, à moins qu'elles ne préfèrent celui de *Purusha*, l'Âme consciente, dont la *Prakriti*, la *Mâyâ*, est la puissance exécutive, la *Shakti*.

L'Ishâ Upanishad, après avoir affirmé le Brahman comme la seule réalité se manifestant sous beaucoup d'aspects et de formes, et, subjectivement, comme l'Être unique dont toutes les existences sont les devenirs, le Soi qui doit se réaliser en nous-même et en toutes choses et au-delà de toutes choses, complète à ce sujet son enseignement par l'affirmation du même Brahman conçu de façon objective comme le Seigneur, le *Purusha* qui tout à la fois contient et remplit l'univers.

C'est Lui qui s'est diffusé ; car le Brahman, le Soi, ne fait qu'un avec le Seigneur, l'*Ish*, dont le

1. Cf. ci-dessous Kena Upanishad, III.

nom s'inscrit en tête de l'Upanishad, l'Habitant de toutes les formes, et, comme nous le verrons aussi, avec l'Universel *Purusha* du seizième verset : « Ce *Purusha* qui est là et partout, je Le suis. » C'est lui qui est devenu toutes les choses et tous les êtres, lui, l'Être conscient, seul existant, existant par soi, qui est Maître et Possesseur de tous ses devenirs. Et l'Upanishad précise ensuite le caractère, les modalités, la loi générale de ce devenir divin que nous appelons le monde. Sur cette conception se fondent l'idée védique des deux pôles de la mort et de l'immortalité, la raison d'être d'*avidyâ*, l'ignorance, et la justification des œuvres en ce monde.

PENSÉE DE TRANSITION

La personne divine

L'idée védântique de Dieu, « Lui », *Deva, Ishvara*, ne doit pas être confondue avec celle d'un Dieu personnel au sens où l'entendent les conceptions courantes, faisant de ce mot un synonyme d'individuel. Car l'idée vulgaire du Dieu personnel est celle d'une individualité semblable à l'homme par sa nature, et magnifiée cependant comme plus grande, plus vaste et dominant tout. Le Védânta admet la manifestation humaine de Brahman, son individualisation en l'homme et pour l'homme, mais ne réduit pas à cela la vraie nature de l'*Ishvara*.

Dieu est *Sachchidânanda*. Il est existence infinie (*Sat*), principe de la conscience absolue (*Chit*), principe de la plénitude de joie (*Ananda*). C'est cette plénitude elle-même, consciente de l'infinité des possibles de son existence qui, cherchant pour ainsi dire dans leur unité sa propre diversité, devient l'univers. Mais ce sont là termes abstraits ; et les abstractions ne peuvent, par elles-mêmes, produire de concrètes réalités, ni les états impersonnels des activités personnelles.

Il faut donc aller plus loin et considérer la manifestation de *Sachchidânanda*. Par elle la Plénitude de joie se change en Amour, la Conscience se fait à la fois Connaissance et Force, et l'Existence devient l'Être dans la personne et la substance. Mais l'amour n'est pas sans ce qui aime et ce qui est aimé, la connaissance sans ce qui connaît et ce qui est connu, la force sans ce qui est actif et ce qui subit l'action, ni la substance sans la personne, sans l'être conscient et constitutif.

Et cela parce que les principes originels ne sont point eux-mêmes des abstractions pures et impersonnelles. Dans la joie de Brahman est le Bienheureux, dans la conscience de Brahman est le Conscient, dans l'existence de Brahman, l'Existant ; mais l'objet de la joie et de la conscience en Brahman, les fins et le fond, le terme et la trame de son existence ne sont point autres que Lui-même. Dans l'Être divin, la connaissance, ce qui connaît et ce qui est connu, et par suite, nécessairement, la plénitude de joie, ce qui la goûte et ce qui la donne, sont un.

Cette Connaissance de soi, cette Plénitude en soi de Brahman, revêt en tant que Force consciente, *Prakriti* ou *Mâyâ*, deux modes distincts : un mode intensif de concentration de soi, et un mode extensif de diffusion. Le mode intensif est propre au pur et silencieux Brahman ; le mode extensif à l'actif Brahman. C'est la diffusion en la substance même de l'Existant par soi que nous appelons le monde, le devenir, le perpétuel mouvement, *bhuvanam*, *jagat*. C'est Brahman qui devient ; et ce qu'il devient est aussi Brahman. L'objet de l'amour est le Soi de celui qui aime ; l'Œuvre est la forme prise par l'Ouvrier, l'Univers est le corps et l'action du Seigneur.

Quand donc nous considérons l'aspect abstrait et impersonnel de l'Existence infinie, nous disons : « Cela ». Quand nous considérons, au contraire, l'Être absolu, conscient de soi, bienheureux, nous disons : « Lui ». Mais aucune des deux conceptions ne se suffit à elle-même. Brahman est l'Inconnaissable. Il est par-delà toute conception de ce qui est personnel ou impersonnel. Nous pouvons l'appeler « Cela » pour que de notre affirmation soit exclue toute exclusive limitation. Nous pouvons également l'appeler « Celui », pourvu que ce soit dans la pensée d'exclure tout aussi rigoureusement l'exclusion contraire. Car *Tat* et *Sa* demeurant toujours le même Un, le même Identique, échappent à toute définition.

Il est, dans l'univers, un permanent rapport entre l'unique et le multiple, entre l'universelle Personnalité et les innombrables personnes. De ce rapport entre l'unique et chacun des éléments du multiple naît l'infinie variété des relations possibles entre ces éléments eux-mêmes. Ces relations sont déterminées par le jeu de l'Existence divine, qui est la manifestation du Seigneur présent en toutes ses demeures. Elles s'affirment tout d'abord comme relations conscientes entre les âmes individuelles, et deviennent, étant adoptées comme telles, un premier moyen de rapport pour chaque âme, à travers les autres, avec son unique Seigneur. C'est ce rapport de toutes avec l'Unique qui est l'objet propre de la Religion. Toutes les religions se justifient donc par cette raison d'être commune et essentielle ; toutes expriment par des moyens divers la Vérité une, et se dirigent par des chemins nombreux vers le but unique. Car la divine Personnalité se révèle à l'âme individuelle sous des formes et des noms multiples[1]. Ces formes et noms sont, en un certain sens, des créations de la conscience individuelle ; en un autre, d'éternels symboles par lesquels le Divin se révèle de façon concrète, à travers les formes mentales de la conscience multiple, pour l'aider à retrouver sa propre Unité.

1. On ferait erreur si l'on supposait que ces conceptions sont dans leur essence des développements ultérieurs de l'hindouisme philosophique. L'idée des multiples formes et noms de l'Unique est aussi vieille que le Rig-Véda.

Lui qui se diffusa

C'est Lui qui s'est extériorisé dans la conscience du relatif, qui s'est diffusé dans tout cet ensemble de circonstances finies et changeantes, régies par une égale, immuable et éternelle Infinité que nous appelons l'Univers : *Saparyagât*.

L'extension de Brahman se présente donc ici sous ses deux aspects : l'un d'infinité, d'immutabilité, d'éternité pure ; l'autre d'infini déploiement des choses dans le temps et l'espace, par la causalité. Ce sont là les deux expressions, opposées et complémentaires, du même inconnaissable « Lui ».

Pour exprimer l'Immutabilité infinie, l'Upanishad emploie une série d'adjectifs au neutre : « Lumineux, incorporel, sans défaut, sans organes, pur, invulnérable au mal ». Pour exprimer le même Absolu comme la cause qui contient, emplit et gouverne l'ensemble des choses et chaque chose dans l'ensemble (*jagatyâmjagat*), elle se sert de quatre épithètes au masculin : « le Voyant, le Penseur, Celui qui, existant en soi, devient tout ».

L'Immuable est le calme et secret fondement du mouvement, du jeu cosmique. Sa présence s'étend égale, impartiale, en toutes choses, *Samam Brahma*[1] prêtant son support à chacune, sans choix, sans distinction, sans active participation. Sûr et libre en son éternelle immutabilité, le

1. Bhagavad Gîtâ : « L'impartial Brahman ».

Seigneur se projette dans le mouvement et le jeu, devenant là tout ce qu'en lui le Voyant voit, tout ce qu'en lui le Penseur conçoit : *kavir manîshî paribhûh svayambhûh.*

Le pur immuable

La pure immutabilité du Seigneur est « lumière ». Elle est la lumière propre de la conscience pure et concentrée, qu'aucune réfraction ne brise, qu'aucune forme, aucune couleur ne divise. C'est la pure connaissance de soi du *Purusha*, de l'Âme consciente, contenant en elle, inactifs, son pouvoir, sa force d'action.

Il est « incorporel », sans forme, indivisible et sans apparence de division. Il est un seul *Purusha* égal en toutes choses, que ne morcellent point les successions de temps et les divisions de l'espace, le pur Absolu conscient de soi.

Il est « sans cicatrice », c'est-à-dire sans défaut, sans faille, sans imperfection. Il n'est point affecté par les changements qu'il supporte, par le choc et le jeu des rapports de plus et de moins, d'accroissement, de diminution, d'interruption ou d'interpénétration. Car lui-même est sans action, *achalah sanâtanah*[1], « immobile, éternel ».

Il est « sans organes ». Et c'est pourquoi il est sans défaut, car il n'extériorise pas sa Puissance, il ne dispense pas sa Force au sein de multiples canaux, ne la perd pas ici, ne l'augmente pas là,

1. Bhagavad Gîtâ, II, 24.

ne récupère pas ses pertes, ne cherche pas, par amour ou violence, à se compléter ou à se nourrir. Il est « sans nerfs de force » ; il ne se répand pas dans les énergies du dynamisme prânique, de la vie, de *Mâtarishvan*.

Il est « pur, invulnérable au mal ». Ce que nous appelons le mal, le péché, est seulement excès ou défaut, fausse mise en place, action et réaction inharmonieuses. Par son égalité, par son inaction même qui supporte toutes les actions, l'Âme consciente conserve sa liberté et sa pureté éternelles. Car elle est inchangeable : elle observe comme le *Sakshi*, le Témoin, les changements innombrables de *Prakriti*, mais elle ne s'y associe point, ni se ne laisse engluer ou même impressionner par eux, *na lipyate*.

L'âme libre

Quel rapport ont l'actif Brahman et l'âme humaine avec cette Conscience inchangeable ? Eux aussi sont Cela. L'action ne change pas la nature du Soi, mais seulement la nature des formes du Soi. Qu'il soit inactif ou participant à l'action, le Soi est toujours pur, bienheureux, parfait. Il est en toutes choses et les dépasse toutes. Il se tient au-dessus de celles en qui s'absorbe l'être mental, de tout ce qu'il adopte, pour un temps et dans un espace donnés, comme une représentation de lui-même. Le tout sans limites est toujours parfait. Le total des choses est une harmonie sans défaut ni faute. La discorde, l'imperfection, naissent du point de vue de la conscience limitative, réflexion brisée de la Conscience du Soi. C'est le point de vue ignorant de la partie qui se prend en soi pour un tout. Nous verrons que cette ignorance a son rôle dans le jeu de l'actif Brahman ; bien qu'au premier abord elle semble n'être en elle-même que l'ouvrière ou l'œuvre du mal.

L'ignorance est un voile isolant la mentalité, le corps et la vie de *Sachchidânanda*, leur Source et leur Vérité. Ainsi obscurcis, ils deviennent sujets au mal que crée l'ignorance. Mais c'est toujours comme *Sachchidânanda* que Lui, l'actif Brahman, perçoit et utilise pour son devenir les limitations mentales, vitales et corporelles. Pour lui, donc, toute expérience de ces obscures limitations reprend sa véritable nature, celle de *Sachchidânanda*. Il est invulnérable au mal, car étant l'Unique il ne voit partout qu'Unité ; ne connaissant pas l'ignorance, il fait d'elle l'un des moyens secondaires de sa Connaissance.

Une avec le Seigneur, l'âme humaine est aussi, dans son essence et sa perfection, *Sachchidânanda* ; à ce titre donc, elle peut utiliser comme des moyens secondaires ses pouvoirs d'ignorance et de limitation. Mais elle a, projetant sur eux toutes ses facultés conceptives, établi dans un cadre d'étroite mentalité son centre de perspective et son point de vue exclusifs. Elle se voue donc elle-même à l'imperfection ainsi qu'à l'insatisfaction et au désir, à la discorde, à la souffrance qui en résultent. L'Homme réel, qui est au-delà, ne peut s'en trouver affecté, mais l'être extérieur, apparent, est soumis à la confusion. Pour recouvrer sa liberté, l'âme humaine doit retrouver dans le Soi parfait son moi véritable, et s'identifier avec le divin Habitant. Elle peut alors, comme le Seigneur, diriger librement l'action de *Prakriti*, sans se laisser enchaîner par elle, sans s'absorber elle-même dans ses résultats. C'est cette possibilité que l'Upanishad formule en disant : « L'action n'englue pas l'homme. »

Pour cela, elle doit rejoindre le Brahman silencieux, au-dedans. Car le Seigneur s'affirme toujours sous son double aspect. Il accomplit ses œuvres dans l'univers sans s'attacher ou se limiter à chacune d'elles. L'âme humaine, au contraire, dont l'étroite vision mentale se laisse aveugler par le torrent des œuvres de *Prakriti*, s'imagine qu'elle fait partie de ses flots et que ses tourbillons impétueux l'entraînent. Elle doit donc s'unir à nouveau, dans son essence propre, au silencieux *Purusha*, tout en participant, dans ses devenirs, au mouvement de *Prakriti*. Ainsi devient-elle semblable non seulement à ce *Purusha*, Témoin et Soutien, mais au Seigneur lui-même qui librement et pleinement use de *Prakriti* et de toutes ses œuvres. Un calme, une passivité, une pureté et une égalité parfaits au-dedans ; une souveraine et intarissable activité au-dehors, tel est le double aspect du Brahman manifesté dans l'univers.

Quelle est donc l'objection qui pourrait encore être faite au principe et à la pratique des œuvres ? Ce qui les justifie, n'est-ce point l'identification de l'âme et de son Seigneur, immuable en soi et actif en elles ? Le repos de l'âme et le mouvement de l'énergie, tels sont le divin équilibre et le rythme divin en l'homme.

La loi des choses

Le tout des choses (*arthân*) est le devenir du Seigneur dans l'extension de Son propre être. Son essence est double : Être et Conscience. La Conscience trouve dans le fait même de l'existence le principe d'énergie propre (*tapas*) par lequel est produite l'Idée qu'elle se fait d'elle-même (*vijnâna*), et par suite la forme et l'action qui en dérivent nécessairement. Telle est la conception hindoue originelle de la création : production propre et projection dans la forme (*srishtî, prasava*). L'Être, par la connaissance de soi, évolue indéfiniment des formes de lui-même, régies par la loi d'expansion de l'Idée innée en ces formes. Telle est la conception hindoue originelle de l'évolution, plus en faveur auprès de certaines écoles, celle de la Sâmkhya par exemple (*parinâma, vikâra, vivarta*). Ces deux conceptions ne font qu'exposer différemment le même fait.

Pour quelques penseurs, le monde est une évolution purement subjective, *vivarta*. Pour d'autres, il est un fait objectif, une réelle « modification » (*parinâma*), mais qui ne se distingue point quant à son essence elle-même. Les deux notions prétendent tirer des Upanishads leur autorité. Leur antagonisme provient de ce qu'elles séparent en fait ce qui, dans l'ancien

Védânta, apparaissait un, comme ce passage l'indique.

Brahman est, en soi, dans son existence pure ou ses devenirs variés, sujet et objet de lui-même. Il est l'objet, l'objectivation propre de sa connaissance, et le sujet, le connaisseur de son existence. Ces deux aspects sont indissolubles bien qu'ils semblent, après s'être confondus l'un dans l'autre, diverger de nouveau l'un de l'autre. Toute apparence de subjectivité pure s'avère objet implicite dans sa subjectivation même ; toute apparence de pure objectivité, sujet implicite dans son objectivation même.

Toute existence objective est l'Existant en soi, « le Devenant par soi », *Svayambhu*, par la force propre de l'Idée en elle. L'Idée est, en puissance, le Fait qu'elle devient. Car si *Svayambhu* se conçoit, se perçoit lui-même, dans son essence interne, comme *kavi*, et au-dehors, dans l'évolution de ses possibilités, comme *manîshî*, il devient, dans le mouvement, le temps et l'espace, forme de lui-même, comme *paribhu*. Et ces trois états sont une seule opération apparaissant comme successive dans la conscience relative, spatiale et temporelle.

Il s'ensuit que chaque chose porte en elle-même la loi de sa propre existence, éternellement, *shâshvatîhyah samâbhyah*, depuis les temps éternels, dans le temps perpétuel. Toutes les relations, dans la totalité des choses, sont ainsi déterminées par l'Hôte intérieur, l'Existant en soi, le Devenant par soi, et incluses dans la nature même des choses par l'omniprésence de l'Un, le Seigneur, par sa vision propre en qui est leur Vérité subjective, et par son propre devenir qui, se déployant sur le fond des possibilités infinies, constitue la loi de leur évolution respective et inéluctable, la base de leur Fait objectif.

Toutes choses donc sont ordonnées par Lui, *yâthâta-thyatah*, selon leur nature. Dans leur tout est une impérative harmonie qui régit les apparentes discordes nées de l'individualisation. Cette discorde serait réelle et produirait l'éternel Chaos si seule existait la formidable masse des formes et des forces individuelles, si chaque forme et chaque force ne portait en elle, et n'était elle-même, en réalité, le Tout-Existant, le Seigneur.

Le processus des choses

Dans le processus relatif des choses, le Seigneur nous apparaît d'abord comme *Kavi*, le Sage, le Voyant. Le *Kavi* voit la Vérité en elle-même, la Vérité dans son essence, sa réalité, ses possibilités et ses devenirs. Il embrasse tout cela dans *vijnâna*, l'Idée, appelée aussi la Vérité et la Loi, *satyam ritam*. Il l'embrasse dans son étendue, non par fragments ou parcelles ; car la Vérité, la Loi des choses est le *Brihat*, le Vaste. Regardé en lui-même, l'état de *vijnâna* semblerait être un état de prédétermination, de concentration de toutes les nécessités, de semence de tous les destins. État de prédétermination, si l'on veut, mais dans l'éternelle durée et non dans un temps préalable ; destin qui ne s'impose pas à l'âme, mais que celle-ci s'impose ; nécessité qui contraint plutôt l'action et ses résultats que son principe et son auteur, présent dans l'expansion du mouvement aussi bien que dans la concentration de l'Idée. La vérité de l'Âme est donc maîtrise, liberté, non soumission et esclavage. *Purusha* régit *Prakriti* ; *Prakriti* ne contraint pas *Purusha* ; *na karma lipyate nare*, l'action n'englue pas l'homme.

Le *Manîshî* prend position au sein des possibles, ayant pour fond la liberté de l'Infini et fondant sur elle la détermination du fini. Toute action, dans le monde, semble donc surgir d'une rencontre et d'un équilibre de possibilités variées. Aucune de ces possibilités, cependant, ne serait par elle-même effective et déterminante, sans un secret accord avec la Loi de ce qui doit devenir. Le *Kavi* est présent dans le *Manîshî* ; il donne un support à son œuvre. En lui-même, pourtant, l'état de *Manîshî* semblerait être un état d'action autonome, de volontaire maniement des forces et de libre arbitre. Mais ce libre arbitre dans la pensée entre en conjonction avec un destin dans les choses.

Car l'action du *Manîshî* se résout dans le devenir du *Paribhu*. Le *Paribhu*, appelé aussi *Virat*, se déploie lui-même dans le domaine des possibles éventuels. Il accomplit ce qui, inclus dans la Vérité, s'élabore parmi les virtualités réfléchies de la pensée, et finalement apparaît dans la réalité objective comme fait. Pris séparément, l'état de *Virat* semblerait être celui d'une rigoureuse détermination et d'une inflexible contrainte enserrant toutes choses dans la chaîne de fer du karma, et les faisant évoluer selon l'inexplicable et despotique règle d'une nécessité mécanique.

Mais le devenir de *Virat* est encore et toujours le devenir du Tout-Existant, du Seigneur, *paribhûh svayambhûh*. Pour comprendre donc la vérité de ce devenir, il faut que la pensée regarde plus loin, qu'elle embrasse à nouveau tout ce qui se trouve au-delà, qu'elle retourne jusqu'à la pleine réalité du libre et infini *Sachchidânanda*.

Telle est la vérité des choses vues d'en haut, dans l'Unique. C'est là le point de vue divin. Mais nous devons tenir compte aussi du point de vue de la mentalité humaine qui part d'en bas, procède de l'ignorance et perçoit ces principes non dans leur unité, mais successivement comme en autant d'états de conscience distincts et même opposés. Car l'humanité est ce qui retourne à travers les progrès de son expérience vers le suprême *Sachchidânanda*. Le point de départ de son ascension est en bas, dans *avidyâ*, l'intelligence incorporée à la matière, le Penseur emprisonné surgissant du Fait objectif.

Ce Penseur emprisonné, l'Homme, le *Manu* doit, de la division, de la mort, s'élever jusqu'à l'unité et jusqu'à l'immortalité. Il doit accomplir dans l'individuel l'indivisible et l'universel, et dans le relatif l'absolu. Il est le Brahman prenant conscience de soi dans la multiplicité objective. Il est, dans le Cosmos, l'Ego se justifiant d'être comme le Transcendant et le Tout.

CONNAISSANCE ET IGNORANCE

9. – En des ténèbres aveugles entrent ceux qui se vouent à l'ignorance ; et comme en plus de ténèbres, ceux qui sont adonnés à la connaissance.

10. – Bien autre chose, a-t-il été dit, par la connaissance ; bien autre chose, a-t-il été dit, par l'ignorance. Ainsi avons-nous appris des sages qui nous ont révélé Cela.

11. – Connaissance et ignorance, celui qui connaît Cela comme les deux à la fois, par l'ignorance ayant franchi la mort, par la connaissance il jouit de l'immortalité.

Vidyâ et avidyâ

Toute manifestation procède des deux principes, *vidyâ*, conscience de l'unité, et *avidyâ*, conscience de la multiplicité. Ils représentent respectivement les deux aspects de la *Mâyâ*, la pensée de formation propre de l'Éternel.

L'unité est le fait éternel et fondamental sans lequel toute multiplicité serait irréelle, impossible, illusoire. La conscience de l'unité est donc appelée *vidyâ*, connaissance.

La multiplicité est le fait ou le jeu par lequel l'Unique se perçoit lui-même, dans son expansion propre, comme changeant et divisible, et par suite comme occupant de nombreux centres de conscience, de nombreuses formes d'énergie se mouvant dans l'universel mouvement. La multiplicité est en puissance ou en acte dans l'unité. Sans elle l'unité ne serait que non-être ou vide, stérilité d'un état d'inerte et indiscernable absorption de soi.

Mais la conscience de la multiplicité, excluant la vraie connaissance de son essentielle unité, crée l'état de l'erreur et de l'illusion : c'est là le point de vue du moi exclusif s'identifiant avec un mode d'action limité. Et telle est la forme revêtue dans l'homme par la conscience de la multiplicité. On lui donne le nom d'*avidyâ*, ignorance.

Brahman, le Seigneur, est l'Un et le Tout-Bienheureux. Mais dans la liberté pure de son unité, il est aussi le Tout-Puissant. Rien ne l'empêche de se concevoir comme habitant de multiples centres, de multiples formes de conscience et d'énergie, dont les rapports d'échanges réciproques nous apparaissent ainsi qu'un jeu de forces et de mouvements. Multiple, il n'est point cependant lié par sa propre multiplicité. Au sein de toutes les variations, il demeure l'éternel Un, Seigneur de *vidyâ* et d'*avidyâ*, qui sont les deux aspects de sa conception propre (*Mâyâ*), les pouvoirs jumeaux de son énergie (*Chit-Shakti*).

Le Brahman, habitant mais dépassant aussi le jeu de sa *Mâyâ*, est *Ish*, le libre Seigneur. L'homme, demeurant dans ce jeu, est *anîsh*, c'est-à-dire qu'il n'est ni seigneur ni libre. Il est sujet d'*avidyâ*. Mais cette sujétion est, elle-même, un jeu de l'ignorance. Irréelle dans le fait essentiel (*paramârlha*), elle devient réelle seulement dans la relation (*vyavahâra*), dans la manifestation des actes de la divine Énergie, *Chit-Shakti*. Pour revenir au fait essentiel qui est celui de sa liberté, l'homme doit recouvrer le sens de l'Unité, la conscience de Brahman, du Seigneur, et redevenir un, en Brahman, avec le Seigneur. Par la revendication de sa liberté, par la réalisation de son unité avec toutes les existences, tous les devenirs de l'Unique et de l'Identique, jusqu'à pouvoir dire : *So'ham asmi*, « Lui je le suis », il devient capable d'action divine dans le monde ; il n'est plus esclave de l'ignorance : il est libre dans la connaissance.

La perfection de l'homme réside donc dans la pleine manifestation en lui du Divin par un suprême accord entre *vidyâ* et *avidyâ*. La multiplicité doit prendre conscience de son unité, l'unité embrasser la multiplicité.

Les voies exclusives

Le dessein du Seigneur dans le monde ne peut être accompli par ceux qui suivent exclusivement le chemin de *vidyâ* ou celui d'*avidyâ*.

Ceux qui s'attachent entièrement au principe de la multiplicité, de la division, et dont la tendance est contraire à celle de l'unité, entrent dans d'aveugles ténèbres d'ignorance. Car cette tendance mène à la croissante limitation, à l'étroitesse et à la désintégration progressives de la connaissance, à la sujétion toujours plus complète à l'égard des nécessités mécaniques de *Prakriti*, et finalement de ses pouvoirs de désagrégation, de destruction propre. Se détourner de l'Unité, c'est se détourner de l'existence et de la lumière.

Mais, d'autre part, ceux qui s'attachent exclusivement au principe de l'indiscernable Unité, qui cherchant à fuir la multiplicité s'éloignent de l'intégralité du Brahman, éloignent aussi d'eux la connaissance et la plénitude, et entrent comme en des ténèbres plus grandes encore. Ils entrent en quelque état spécial de l'être infini et le prennent pour le Tout unique, confondant ainsi en eux-mêmes les possibilités d'exclusion avec celle de transcendance. Ils deviennent donc ignorants par le choix même de la connaissance, comme d'autres le sont aussi par la contrainte de l'erreur. Connaître tout pour dépasser tout est la voie droite et véritable de *vidyâ*.

Bien que supérieure à l'autre, par sa nature, une telle nuit est qualifiée de plus ténébreuse encore. Car l'autre est celle du chaos où toutes les créations sont possibles, tandis que celle-ci est la nuit du Néant, de l'*asat*, du désir de non-existence, d'où plus difficile est le retour vers l'accomplissement intégral de soi.

Les gains dans l'une et l'autre voie

Suivies sans un attachement aussi exclusif, les voies de *vidyâ* et d'*avidyâ* procurent l'une et l'autre à l'âme humaine des gains estimables ;

mais ni l'une ni l'autre ne réalise la fin parfaite de son entreprise dans la manifestation individuelle.

Par *vidyâ*, elle peut atteindre à l'état du silencieux Brahman ou de l'*akshara Purusha* regardant l'univers sans participer à aucune des activités qui s'y manifestent, ou encore à celui de parfaite absorption en soi du *Chit* dans le *Sat*, d'où l'univers procède et vers quoi il retourne. Ces deux états procurent la paix, la sérénité, la plénitude, la délivrance des confusions et des souffrances de ce monde.

Mais la plus haute fin de l'homme est sa réalisation non point exclusive, soit dans le mouvement comme individualité séparée, soit dans le silence, hors du mouvement, mais dans l'*Uttama Purusha*, le Seigneur, « Lui qui s'étendit », et qui embrasse en même temps dans son être le *kshara* et l'*akshara*, le silence et le mouvement. Le soi de l'homme, le *jîvâtman*, existe pour réaliser dans l'individuel et au profit de l'universel cet unique et suprême Soi de tout ce qui est. L'ego que crée l'*avidyâ* est le moyen d'affermissement nécessaire de l'individuel dans l'universel, comme point de départ de ce parfait accomplissement.

Par *avidyâ*, l'âme peut atteindre à une sorte de plénitude de force, de joie, de connaissance et d'ampleur d'être mondiale qui est celle des Titans ou des Dieux, d'Indra, de Prajâpati. Tout ceci est acquis, dans la voie de l'élargissement de soi, par une vaste acceptation de tous les possibles qu'offre la multiplicité et par le constant enrichissement de l'individu puisant à même les matériaux que peut lui fournir l'univers. Mais ceci non plus n'est pas la fin véritable de l'homme, car s'il surpasse ainsi sa limite ordinaire, du moins ne s'ensuit-il pour le Seigneur de l'univers aucun progrès vers la Transcendance divine qui surpasse cet univers. Par cette voie, l'être surmonte la confusion de l'ignorance mais non la relativité de la connaissance, la mort du corps mais non l'assujettissement à la joie, la *Prakriti* d'en bas mais non celle d'en haut. Pour atteindre à la libération véritable, à la parfaite immortalité, il lui faut redescendre encore vers tout ce qu'il avait rejeté et trouver un gain même dans l'ignorance, dans la souffrance, dans la mort.

La vraie connaissance perçoit dans son intégralité le Brahman ; elle ne s'attache point ardemment à un mode d'être et de conscience plutôt qu'à l'autre ; elle ne dépend pas plus de *vidyâ* que d'*avidyâ*. Telle était la connaissance des anciens sages. Ils étaient *dhîra*, fermes dans l'assurance de leur pensée qu'aucune lumière exclusive ne pouvait détourner de la connaissance intégrale. Ainsi leur perception de Brahman était-elle, comme l'enseignement qui se fondait sur elle, complète et compréhensive (*vyachachakshire*). C'est cette connaissance, transmise par les Anciens, qui se trouve exposée dans l'Upanishad.

La voie parfaite

Si *vidyâ* et *avidyâ*, unies dans le Brahman, coexistent dans sa manifestation, c'est qu'elles sont également nécessaires à son parfait accomplissement. *Avidyâ* ne subsiste que soutenue et contenue par *vidyâ*. Et c'est à l'aide d'*avidyâ* que *vidyâ* prépare le progrès de l'âme vers l'Unité. Aucun de ces deux termes ne pourrait exister sans l'autre ; et si l'un était aboli, ils disparaîtraient tous les deux en quelque chose d'inconcevable, d'inexprimable, qui ne serait ni l'un ni l'autre, par-delà toute manifestation,

Au sein de la pire ignorance est une âme de connaissance constituant le principe même de cette forme d'ignorance, et jusque dans sa plus obscure et étroite limitation un support d'unité lui permettant de ne point se dissoudre dans le néant. Car le destin des choses nées de l'ignorance n'est point de se dissoudre hors de l'existence, mais d'être illuminées et unifiées, afin que tout ce qui s'efforce de s'exprimer en elles soit accompli, et, par là même, transfiguré.

Dans l'unité la plus absolue dont la connaissance nous soit possible, est un contenu d'implicite et virtuelle multiplicité, qui peut à chaque instant passer de la puissance à l'acte. La fonction de *vidyâ* n'est donc pas d'abolir *avidyâ* comme une chose qui jamais n'aurait dû se manifester, mais de l'attirer, de la soutenir, de l'aider à se libérer progressivement de cette ignorance, de cet oubli de l'essentielle Unité à laquelle elle doit son nom même.

C'est par *avidyâ* s'orientant de plus en plus vers *vidyâ* que l'individuel et l'universel peuvent devenir ce qu'est le Seigneur en lui-même, conscient de sa manifestation, conscient hors de sa manifestation, libre dans la naissance, libre au-delà de la naissance.

C'est en l'homme que l'universelle multiplicité devient capable de cette orientation consciente et de cet accomplissement. Et telle est pour lui-même la voie parfaite : *avidyâ* se soumettant à *vidyâ*, la multiplicité à l'unité, l'ego à l'unique, en tout et au-delà de tout ; et *vidyâ* s'accomplissant dans *avidyâ*, l'unité se manifestant dans la multiplicité, l'Un devenant visible dans l'être et l'univers de l'être.

LA MORT ET L'IMMORTALITÉ

La mort

Par l'accomplissement d'*avidyâ*, l'homme passe au-delà de la mort ; par *vidyâ* accomplissant *avidyâ*, il jouit de l'immortalité.

Par mort est signifié l'état du mortel assujetti au processus constant de naissance et de destruction, l'état de l'ego limité, lié aux contradictions du bien et du mal, du vrai et du faux, de l'amour et de la haine, du plaisir et de la douleur.

Cet état résulte de la délimitation, de la division de l'Un qui est tout, et d'une identification de la pensée du moi dans le temps et l'espace à une seule des formes de l'être. Par cette identification, le moi limité exclut de son champ tout ce qu'il est véritablement, à l'exception d'un petit ensemble d'expériences relatives aux étroites déterminations d'une forme mentale, vitale et corporelle particulière. Il organise cet ensemble d'expériences autour du centre de l'ego ; et les liant ensemble dans le temps par une double action active et passive de la mémoire, il dit continuellement : « Ceci est moi. »

C'est ainsi que l'âme, n'ayant qu'une participation limitée au jeu de *Prakriti*, ou *Chit-Shakti*, et ne s'attribuant par là même qu'une minime part de forces conscientes, doit supporter le choc de tout ce qu'elle considère non comme sa puissance propre mais comme un océan de puissances hostiles. Contre elles elle défend sa forme individuelle distincte. En luttant contre la domination par la nature et la dissolution dans la nature de cette forme individuelle, elle cherche à affirmer en elle et par elle son caractère intime d'*Ish*, de Seigneur, c'est-à-dire son droit de jouir du monde, de le posséder.

Mais, par définition, l'ego n'est que limites. Il prend pour lui-même l'une des formes produites par le mouvement de la Nature et qui ne peut avoir de durée dans le flux général des choses : cette forme se crée par un certain mode du mouvement, et c'est la naissance ; elle se dissout par un autre mode du mouvement, et c'est la mort.

Il ne peut donc comprendre les données de l'expérience que dans la mesure où elles s'adaptent à son point de vue exclusif. Sa vision n'étant point celle du Tout est nécessairement imparfaite et toujours soumise à l'erreur. Cette erreur déforme ce qu'il connaît. Et tout ce qui n'est point erreur demeure chez lui ignorance.

Il ne peut accueillir en lui que le petit nombre des choses qu'il comprend assez pour se les rendre assimilables. Celles-là seules sont sa joie : tout le reste est pour lui douleur ou inconscience.

Il ne peut harmoniser son être mental, sensoriel et corporel qu'avec un certain genre et une certaine mesure de forces étrangères, en lesquelles il prend plaisir. Toutes les autres n'éveillent chez lui qu'indifférence ou répulsion.

Ainsi donc, la mort est le constant démenti opposé par le Tout à la fausse limitation de l'ego dans sa forme individuelle.

L'erreur est le constant démenti opposé par le Tout à la fausse satisfaction que cherche l'ego dans la limitation de sa connaissance.

La souffrance est le constant démenti opposé par le Tout à la vaine tentative faite par l'ego pour réduire l'universel *Ananda* aux limites d'une possibilité de joie personnelle exclusive.

Pour échapper à ce constant et nécessaire démenti, un seul moyen s'offre à l'ego : retrouver, par-delà toutes ses limites, l'unité du Tout. Alors la toute-existence, la toute-puissance, la toute-conscience, la toute-vérité, la toute-félicité, prenant possession de son être, transforment pour lui la mort en immortalité.

Avidyâ et la mort

Mais le chemin qui mène à l'immortalité n'est pas celui d'une absorption de la forme individuelle dans le torrent de *Prakriti* ; il n'est pas non plus celui d'une absorption prématurée de l'être individuel en l'Âme totale que manifeste *Prakriti.* L'homme se dirige vers quelque chose qui accomplit l'univers en le surpassant. Il doit évertuer son âme en vue de cette transcendance et de cet accomplissement.

Si en *avidyâ* se trouve la raison de la mort, en elle aussi se trouve l'issue qui permet de franchir la mort. Car la limitation est le moyen pour l'être de s'affirmer hors du courant de *Prakriti,* de la transformer, d'en devenir maître, en se surpassant.

La première nécessité pour l'homme est donc d'élargir constamment ses limites d'être, de connaissance, de joie, de puissance, jusqu'à ce qu'il ait atteint à ce qui se manifeste progressivement en lui par ces choses, et que, se fortifiant toujours plus dans ce monde des oppositions, il parvienne à changer graduellement pour lui-même l'ignorance en savoir, la faiblesse en force, la souffrance en joie, et la mort même en un moyen de vie plus large. Cet élargissement de soi doit alors, en se dépassant encore, aboutir à ce qui dépasse toute manifestation personnelle. Il faut que l'homme étende son affirmation propre jusqu'à vivre le tout en lui-même et lui-même en tout (Verset 6). Il faut qu'il sache que ce « je » qui contient tout et que tout contient est le Moi non pas personnel mais unique et universel. À ce Moi il doit soumettre son moi. Il est ce qu'il doit être, ce qu'il doit devenir, ce qu'il doit posséder, goûter d'une âme égale, en tous les êtres, en toutes les choses.

Il faut qu'il connaisse ce Moi unique et universel comme une existence essentiellement transcendante, dont l'univers et toutes ses formes, ses mouvements, ses existences, ne sont que les devenirs (Verset 7). Car le monde n'est qu'un devenir sans cesse en travail pour manifester, dans le temps et l'espace, dans le lent progrès mental, vital et corporel, ce qui est au-delà du temps, de l'espace, du corps, de la vie et de la pensée.

C'est ainsi qu'*avidyâ* devient une avec *vidyâ*. Par *avidyâ*, s'affirment pour l'homme, par-dessus les nécessités de la souffrance, de l'ignorance, de la faiblesse, auxquelles le soumet la naissance, les premières revendications de l'Unique s'affirmant au sein des limitations et des divisions innombrables. Et par *vidyâ*, même dans la naissance, il jouit de l'immortalité.

Immortalité

Immortalité ne veut pas dire survivance du soi après la désintégration du corps. Le soi survit toujours à la mort du corps comme toujours il préexiste à sa naissance. Le Soi ne naît pas ; le Soi ne meurt pas. La survie individuelle n'est que la première des conditions offertes à l'ego pour lui permettre, en conservant son identité personnelle, de joindre l'une à l'autre ses successives expériences de l'*avidyâ*, et de conduire ainsi jusqu'au bout, avec une conscience de soi et une maîtrise croissantes, ce processus d'élargissement propre qui trouve en *vidyâ* son couronnement.

Par immortalité est signifiée la conscience de l'Éternel qui est au-delà de la naissance et de la mort, au-delà de la chaîne des causes et des effets, au-delà de toute limitation, de tout esclavage, libre, bienheureuse, existant par soi, conscience de l'*Ish*, le Seigneur, le *Purusha* suprême, *Sachchidânanda*.

Immortalité et naissance

Sur la base d'une telle réalisation, l'homme peut fonder sa liberté d'acte dans l'univers.

Mais quelle utilité peut-il donc y avoir dans la naissance et l'activité pour une âme qui a atteint si haut ? Pour elle-même, aucune ; la plus grande pour l'univers et le Divin. La raison de l'universelle manifestation n'est point cette immortalité que possède le Soi par-delà l'univers. L'homme existe afin que par lui le Soi puisse jouir de l'immortalité dans ce qui naît, ainsi que dans ce qui ne naît ni ne meurt.

Le salut individuel n'est pas, non plus, la fin des choses. L'être n'y trouverait que sa sublimation, et non son accomplissement, par le Seigneur, en toutes choses.

Ayant conquis sa propre immortalité, il doit réaliser l'œuvre divine dans l'univers. Il doit aider la vie, l'esprit et le corps à manifester progressivement, en tous les êtres, le principe d'immortalité et non plus celui de la mort.

Cela, il peut le faire soit terrestrement, par cette venue corporelle que nous appelons la naissance, soit en quelque autre état, au sein de quelque autre monde, ou peut-être même par-delà tout monde.

Mais la naissance corporelle est le plus divin, le plus immédiat, le plus effectif des moyens qu'ait un être libre d'apporter son aide à ceux qui sont encore esclaves de la naissance, en ce plus bas monde de l'ignorance.

NAISSANCE ET NON-NAISSANCE

12. – En des ténèbres aveugles entrent ceux qui se vouent au non-devenir ; et comme en plus de ténèbres ceux qui sont adonnés au devenir.

13. – Bien autre chose, a-t-il été dit, par le devenir, bien autre chose, a-t-il été dit, par le non-devenir. Ainsi avons-nous appris des sages qui nous ont révélé Cela.

14. – Dissolution et devenir, celui qui connaît Cela comme les deux à la fois, par la dissolution ayant franchi la mort, par le devenir il jouit de l'immortalité.

La naissance et le non-devenir

Le Soi hors de la nature ne devient pas : il est immuable, il est éternel. Le Soi dans la nature devient : il change d'états et de formes. Son entrée au sein des états et des formes diverses de la succession temporelle est la naissance dans la nature.

À ces deux modes d'être du Soi, dans la nature et hors de la nature, en mouvement dans le mouvement et immuable hors du mouvement, actif dans la progression et mangeant les fruits de l'arbre de Vie, ou inactif et simplement spectateur des choses, correspondent deux possibles états d'existence consciente diamétralement opposés l'un à l'autre : l'état de naissance et l'état de non-devenir.

L'homme part de l'état troublé de la naissance pour arriver au tranquille équilibre de l'existence consciente, libérée de tout mouvement, qui est le non-devenir. Le lien de la naissance est le sens égoïste ; la dissolution du sens égoïste nous conduit au non-devenir. C'est pourquoi le non-devenir est appelé aussi la dissolution (*vinasha*).

La naissance et le non-devenir ne sont pas essentiellement liés au fait de la vie physique. Ce sont des états de l'âme. Un homme peut rompre le lien du sens égoïste et demeurer néanmoins dans un corps physique ; mais s'il se concentre uniquement sur l'état de dissolution de l'ego, alors il ne naît plus dans un corps. Il est libéré de la naissance dès que l'impulsion de la nature, consécutive à l'élan vital et mental, se trouve épuisée. Mais s'il s'attache au devenir, le principe égoïste en lui cherche sans cesse à se revêtir de nouvelles formes mentales et corporelles.

Le mal des voies extrêmes

L'attachement au non-devenir n'est, pas plus que l'attachement à la naissance, la voie parfaite. Car tout attachement est un acte d'ignorance, une violence faite à la Vérité. Sa fin est aussi une ignorance, état d'aveugles ténèbres.

L'attachement exclusif au non-devenir mène à la dissolution de l'être dans la nature indistincte ou dans le vide du néant, et ces deux états sont des états d'aveugles ténèbres. Car le néant représente la tentative faite non pour outrepasser l'état de naissance, mais pour l'annuler, non pour passer des limites de l'existence à l'existence illimitée, mais de l'existence à son opposé. Or l'opposé de l'existence ne peut être que la nuit de l'Inconscience, c'est-à-dire un état d'ignorance et non de délivrance.

D'autre part, l'attachement à la naissance implique la constante limitation propre et l'interminable chaîne, le circuit fermé des naissances dans les formes inférieures de l'égoïsme. Et ceci constitue, d'un certain point de vue, une obscurité pire encore ; car un tel attachement ignore et exclut le désir même de la délivrance. Il n'est pas une simple erreur dans l'effort vers la vérité, mais un perpétuel contentement de soi dans l'aveuglement. Il ne peut mener d'aucune façon vers un bien plus grand, car il ne rêve d'aucune condition plus haute.

Le bien des voies extrêmes

Chacune de ces tendances, pourtant, a, dans son rapport avec l'autre, son profit et son bienfait propres. La recherche du non-devenir comme fin possible de la naissance, comme un état plus haut et plus vrai d'existence, peut aboutir au retrait de l'être en le silence de Brahman ou la pure liberté du Non-être. La recherche de la naissance comme moyen de transformation et de progrès propres conduit à une vie plus large et plus pleine qui peut, à son tour, devenir le moyen de l'accomplissement final.

La voie parfaite

Mais aucun de ces résultats ne se suffit à lui-même ; aucun ne représente la fin véritable de l'homme. Chacun d'eux n'apporte au bien parfait de l'âme sa part volontaire que s'il se complète par l'autre. Car le Brahman est à la fois *vidyâ* et *avidyâ*, Naissance et Non-devenir. La réalisation du Soi dans le non-devenir, l'équilibre de l'âme par-delà les contraires de la naissance et de la mort, dans l'état d'infinie et transcendantale existence, sont les conditions d'une vie divine et libre dans le devenir. L'une est indispensable à l'autre. C'est par la participation à la pure unité de l'immuable (*akshara*) Brahman que l'âme s'affranchit du torrent qui l'entraîne. Ainsi libérée, elle s'identifie au Seigneur pour qui le devenir et le non-devenir sont seulement des modes d'être et qui peut goûter l'immortalité au sein des manifestations, sans être pris au piège des illusions de la Nature. La nécessité de la naissance prend fin, son objet propre étant accompli ; seule la liberté du devenir demeure. Car le Divin jouit en même temps et d'égale façon de la liberté pure de l'éternel présent et de celle de l'éternel devenir.

On peut même dire que l'expérience de la dissolution du principe d'Être dans le Non-être est nécessaire à la plus libre et pleine possession de ce principe par l'être lui-même. Et cela serait la justification synthétique du grand effort tenté par le bouddhisme pour dépasser toute conception positive de l'être, même dans sa plus universelle et plus pure essence.

Ainsi, par la dissolution du lien de l'ego et de l'attachement à la naissance, l'âme franchit la mort ; elle s'affranchit de la limitation des contraires. Libre, alors, elle accepte le devenir comme un processus de la Nature qu'elle agrée mais ne subit plus. Et dans la liberté divine de ce devenir elle goûte l'Immortalité.

La justification de la vie

Dans son troisième mouvement, l'Upanishad justifie donc la vie et les œuvres que son deuxième verset prescrit au chercheur de la Vérité. Les œuvres constituent l'essence de la vie. La vie est une manifestation du Brahman. En lui le Principe de Vie organise les sept principes de l'existence consciente par lesquels s'opère cette manifestation involutive et évolutive. Dans le Brahman, « Mâtarishvan dispose les eaux », septuple mouvement de l'Être divin.

Cet Être divin est le Seigneur qui se diffusa dans le mouvement et déploya dans l'univers ses trois modes d'être, comme le suprême Voyant de la toute vérité des choses, le Penseur de leurs secrètes possibilités, le Réalisateur de leurs réalités. Car, depuis les temps éternels, toutes choses sont par lui souverainement prédéterminées dans leur nature, leurs fins et leurs devenirs.

Cette prédétermination s'accomplit par son double pouvoir de *vidyâ* et d'*avidyâ*, de double conscience de l'essentielle unité et de l'apparente multiplicité.

Parvenue à son extrême limite, la multiplicité retourne vers l'unité dans la conscience individuelle qui est le Seigneur, l'Hôte intérieur habitant les formes du mouvement et y goûtant d'abord les jeux de l'ignorance. C'est par son développement dans cette ignorance que l'âme reconquiert le pouvoir de la connaissance, et par la connaissance jouit de l'immortalité.

Cette immortalité est acquise par l'absorption du moi limité qu'enchaîne le lien des naissances, en la conscience de Ce qui ne naît ni ne meurt, de l'Éternel, le Seigneur qui est libre à jamais. Mais elle est goûtée, au sein du devenir, dans l'univers et non pas hors de l'univers ; car hors de l'univers, elle est, essentiellement, mais ici, dans le corps, elle doit être réalisée par l'Hôte divin en ce qui apparaît comme le plus contraire à son principe même : la vie distinctive de l'être individuel, la vie multiple de l'univers.

La vie doit d'abord être surmontée afin de pouvoir être librement acceptée ; et les œuvres, dans l'univers, surpassées pour pouvoir être divinement accomplies.

L'âme, en réalité, est libre même dans son apparent esclavage. Elle s'enchaîne à son propre jeu. Elle doit reprendre la conscience de sa liberté et goûter non plus exclusivement ceci ou cela, mais universellement le Divin en tout.

Quatrième mouvement

LES MONDES – SÛRYA

15. – Par un masque doré est couverte la face de la Vérité ; ôte cela, Toi, Évoluteur, pour la loi de Vérité et pour la Vision.

16. – Évoluteur, unique Rishi, Recteur, Illuminateur, Fils du Père des existences, dispose et rassemble. Le rayonnement, qui est ta forme la plus bénie, est ce que de toi je perçois. Ce Purusha qui est là et partout, je Le suis.

Les mondes après la mort

Dans le troisième verset de l'Upanishad, il est question des mondes sans soleil qu'enveloppent d'aveugles ténèbres. Dans le troisième mouvement, il est aussi, à deux reprises, parlé de l'âme entrant en d'aveugles ténèbres ; mais il semble qu'ici il s'agisse plutôt d'un état que d'un lieu. Les deux points de vue, il est vrai, sont peu différents ; car pour la conception védântique un monde n'est qu'un mode de l'existence consciente, créé par l'action combinée des sept principes constitutifs de sa manifestation objective. De l'état de conscience auquel nous atteignons dans ce corps dépend pour notre être mental l'état, et partant le milieu, de son existence après la séparation de ce corps. Car, hors de ce corps, l'âme individuelle doit ou bien disparaître au sein des éléments constitutifs de l'existence, ou s'immerger dans le Brahman, ou persister dans un état de conscience organisé autre que celui auquel correspond la vie corporelle. Les possibles ensembles de rapports et de conditions propres à chaque état sont les autres mondes, les mondes d'après la mort.

Les trois états

Les Upanishads mentionnent trois modes d'existence de l'âme dans son rapport avec l'univers : la vie terrestre par la naissance dans le corps, la survie de l'âme individuelle, après la mort, en d'autres états, et l'existence immortelle qui étant par-delà naissance et mort peut cependant, comme Hôte divin, habiter la forme, et comme Seigneur embrasser en soi la nature entière. Les deux premières conditions appartiennent au devenir ; la troisième est celle du Soi auquel appartiennent à la fois la liberté du non-devenir et celle du devenir.

Bien que l'Upanishad ne parle pas expressément des renaissances dans un corps terrestre, son langage et sa pensée cependant, si l'on en juge en particulier par le dix-septième verset, impliquent une telle croyance. Cette croyance étant admise, l'homme peut donc tendre vers trois sortes de possibilités distinctes après la mort : une ou plusieurs vies successives et plus fortunées sur terre ; l'éternelle félicité en quelque monde ultra-terrestre de lumière et de plénitude ; enfin l'identification au Suprême reconnu comme le vrai Soi, dans une transcendance exclusive de toute existence cosmique, et partant étrangère au contenu réel de la conscience infinie.

Renaissance

L'acquisition d'une ou de plusieurs vies meilleures sur terre n'est pas le but que propose à l'âme l'enseignement de l'Upanishad. Mais c'est un objet intermédiaire important aussi longtemps que l'âme est dans un état de croissance, d'élargissement de soi, et n'a pas atteint la libération. La nécessité de la naissance et de la mort est le signe que l'être mental n'est pas encore unifié à son vrai soi supramental mais qu'il demeure « fermé dans *avidyâ* » [1]. La vie sur terre est l'occasion offerte à l'homme d'effectuer cette unification. Après sa délivrance, l'âme demeure libre, mais elle peut encore participer au mouvement intégral et recourir à la naissance, non plus pour son salut mais pour celui des autres, selon la

---

1. *Avidyâyâm antare vartamânâh.*

volonté, en elle, du Soi divin, le Seigneur de son mouvement.

Paradis et enfer

L'état du bienheureux en quelque Paradis d'au-delà n'est pas, non plus, le but suprême. Mais, selon la pensée védântique, la renaissance dans un nouveau corps ne suit pas aussitôt la mort ; l'être mental humain n'est point, en effet, si rigoureusement lié aux états d'être vital et physique. L'organisme prânique est le plus souvent dissous par la mort ; il y a donc, avant que l'âme soit de nouveau attirée vers une existence terrestre, un intervalle au cours duquel elle assimile les résultats de son expérience passée et se prépare à revêtir de nouveaux états d'être vital et physique. Durant cet intervalle, elle doit demeurer en des états et en des mondes plus ou moins favorables à son futur développement, dans la mesure où la lumière de la suprême Vérité, dont Sûrya est le symbole, pénètre en eux. Mais il est aussi des états d'ignorance ou d'obscurité funestes au progrès de l'âme. Vers ces mondes, affirme le troisième verset, vont ceux-là qui se sont fait du mal à eux-mêmes en fermant leur âme à la lumière et en faussant le cours normal de leur développement. Les cieux védântiques sont des états de lumière et d'expansion de l'âme ; les états de ténèbres, d'obscurcissement et de déformation de soi sont les enfers qu'elle doit fuir.

Au point de vue du développement individuel, la vie dans les mondes qui sont au-delà, comme la vie sur terre, représente donc un moyen et non pas un but. L'âme, après sa libération, peut utiliser ces mondes comme elle utilise la naissance matérielle, et trouver en eux ses moyens de divine manifestation, ses conditions de plénitude ; chacun d'eux représentant l'un des termes de la série des successions d'états organisés et solidaires de l'existence consciente.

Transcendance

La transcendance est le vrai but du développement, mais elle n'exclut pas la possession de ce que l'âme surpasse. Il n'est pas nécessaire et il n'est pas désirable que l'âme tende son effort si loin vers la transcendance qu'il ait pour objet sa propre extinction. Le nirvâna est l'extinction de toute limitation égoïste, mais non de toute possibilité de manifestation, car il peut être réalisé même dans le corps.

Le désir de la libération exclusive est le dernier désir que l'âme, au cours de sa croissance, doive abandonner ; l'illusion qu'elle a d'être liée par la naissance est la dernière illusion qu'il lui faille détruire.

Sûrya et Agni

Sur la base de cette conception des mondes et de leurs rapports avec les divers états d'âme, l'Upanishad se fonde pour tracer les deux voies de connaissance et d'action qui conduisent à la suprême sagesse et à la divine félicité. Elles sont indiquées par son invocation finale à Sûrya et à Agni, les divinités védiques représentatives l'une de la suprême Vérité illuminant l'homme, l'autre de la divine Volonté élevant et purifiant son action, la rendant parfaite.

L'ordre des mondes

Pour comprendre complètement la place et le rôle de Sûrya, il nous faut pénétrer un peu plus profondément dans la conception védique des sept mondes et des principes de conscience que ces mondes représentent.

En elle-même, l'existence consciente dans son ensemble est une et indivisible, mais dans la manifestation elle devient un rythme complexe, une échelle d'harmonies, une hiérarchie d'états ou mouvements. Car, ce que nous appelons un état n'est qu'un mouvement complexe qui est organisé. Cette hiérarchie est constituée par un mouvement descendant ou involutif et un mouvement ascendant ou évolutif dont l'esprit et la matière sont respectivement le terme le plus haut et le terme le plus bas.

L'esprit est *sat* ou existence pure ; il est pur dans la conscience de soi (*chit*), et pur dans la joie de soi-même (*ânanda*). L'esprit peut donc être considéré comme la base trinitaire de toute existence consciente. Ce sont trois termes différents, mais en réalité ils ne font qu'un. Car dans son essence même toute existence pure est pure conscience de soi, et toute pure conscience de soi est dans son essence même pure jouissance de soi. D'autre part, notre conscience est capable de séparer ces trois éléments par l'idée et la parole ; elle peut même créer pour soi, dans ses mouvements divisés ou limités, le sens de leurs contraires apparents.

Une intuition intégrale de la nature de l'existence consciente nous montre qu'elle est bien unique en essence, mais qu'elle est également capable, dans l'expérience de soi, d'une complexité et d'une multiplicité potentielles infinies. Le développement de cette complexité et de cette multiplicité qui sont en puissance dans l'Unique est ce que, de notre point de vue, nous appelons manifestation, ou création, ou univers, ou devenir (*bhuvana, bhava*). Sans elle, nul monde ne saurait avoir aucune existence.

L'agent de ce devenir est toujours la « conscience de soi » de l'Être. La puissance par laquelle cette conscience de soi dégage d'elle-même ses complexités potentielles s'appelle *tapas*, force ou énergie ; étant consciente de soi, elle est évidemment de la nature de la volonté. Mais ce n'est pas la volonté telle que nous la comprenons, une chose extérieure à son objet, différente de ses œuvres, et qui agit sur des matériaux situés en dehors d'elle ; c'est au contraire la volonté inhérente à l'Être, inhérente au devenir, une avec le mouvement de l'existence, la volonté consciente de soi qui devient ce qu'elle voit et connaît en soi-même, la volonté qui s'exprime comme force de sa propre œuvre et qui se formule dans le résultat de son œuvre. C'est par cette volonté, *tapas*, ou *chit-shakti*, que les mondes sont créés.

Les mondes supérieurs

Toute organisation de l'être conscient de soi qui prend pour base l'unité de l'existence pure appartient au monde de la création suprême, *parârdha*, aux mondes de l'esprit.

Nous pouvons concevoir trois formations principales.

Lorsque *tapas*, l'énergie de la conscience de soi, prend pour base *sat*, ou existence pure, le résultat est *satyaloka*, le monde de l'existence vraie. En *satyaloka*, l'âme est une avec toutes ses manifestations, par unité de l'essence, et par conséquent elle est une dans la conscience de soi et dans l'énergie de la conscience de soi, elle est une aussi dans la béatitude.

Lorsque *tapas* prend pour base la puissance active de *chit*, le résultat est *tapoloka*, le monde de l'énergie de la conscience de soi. En *tapoloka*, l'âme est une avec toutes les manifestations de cette énergie, et par conséquent elle jouit aussi de l'unité dans la totalité de leur béatitude, et possède également leur unité d'essence.

Lorsque *tapas* prend pour base la joie active de l'être, le résultat est *janaloka*, le monde de la jouissance créatrice. En *janaloka*, l'âme est une dans la jouissance de l'être avec toute manifestation, et par cette béatitude elle est une aussi dans l'énergie consciente et dans l'essence de l'être.

Ce sont là des états de conscience dans lesquels l'unité et la multiplicité n'ont pas encore été séparées l'une de l'autre. Tout est en tout, chacun est en tout et tout est en chacun, de façon inhérente, par la nature même de l'être conscient, et sans effort de conception ni labeur de perception. Il n'y a pas de nuit et pas de ténèbres. Il n'y a pas non plus à proprement parler d'action dominante de Sûrya illuminateur. Toute la conscience en effet y est lumineuse par soi-même et n'a besoin d'aucune autre lumière qu'elle-même. L'existence distincte de Sûrya est perdue dans l'unité du Seigneur ou *Purusha* ; cette unité lumineuse est la forme de Sûrya bienheureuse entre toutes.

La création inférieure

Dans la création inférieure également, il y a trois principes : ce sont la matière, la vie et le mental. *Sat*, ou existence pure, y apparaît comme substance douée d'étendue ou matière ; la volonté ou force y apparaît comme vie qui est par nature force créatrice ou manifestante ; or cette force est par nature même une volonté consciente de soi, involuée et obscure dans les formes de sa création. Elle est libérée de l'involution et de l'obscurité par la joie d'être luttant pour prendre conscience de soi-même dans le désir et la sensation ; le résultat en est l'apparition du mental. Ou tout au moins c'est ainsi qu'il nous apparaît dans le mouvement ascendant ou évolutif.

Partout où il y a matière, la vie et le mental sont aussi présents, soit involués, soit en voie d'évolution. Et de même la vie et le mental sont conditionnés dans leur activité par des formes matérielles d'un genre ou d'un autre. Les trois n'apparaissent pas comme trinité, puisqu'ils sont dominés par le principe séparateur d'*avidyâ*, mais comme triplicité.

Dans l'organisation de conscience à laquelle nous appartenons, *tapas* prend pour base la matière. Notre conscience est déterminée par la divisibilité de la substance étendue dans ses formes apparentes. C'est *bhurloka*, le monde matériel, le monde du devenir dans la forme.

Nous pouvons aussi concevoir un monde dont la force-vie dynamique, avec la sensation qui émerge en elle, forme la base, et détermine elle-même les formes qu'elle prendra sans se heurter à l'obstacle épais de la matière. Cette organisation de la conscience a pour champ *bhuvarloka*, les mondes de libre devenir vital dans la forme.

Nous pouvons également concevoir un état de conscience organisé dans lequel le mental se libère de la sujétion aux sensations matérielles et, prenant le dessus, détermine ses propres formes au lieu de se laisser déterminer par les formes dans lesquelles il se trouve comme conséquence de l'évolution de la vie. Cette formation est *svarloka*, le monde de la mentalité libre, pure et lumineuse.

Normalement, dans ces mondes inférieurs, la conscience est fragmentée et divisée. La lumière de Sûrya, la vérité, est emprisonnée dans la nuit du subconscient ou apparaît uniquement reflétée dans des centres limités, ou bien a ses rayons captés par ces centres et utilisés par eux selon leur nature individuelle.

Le monde intermédiaire

Entre ces deux créations et les reliant l'une à l'autre se trouve le monde ou organisation de conscience qui a pour base la vérité infinie des choses. Là l'individualisation dominante n'usurpe plus l'âme qui pénètre tout ; là le fondement de la conscience est sa propre vaste totalité qui dispose en soi-même des mouvements individualisés ne perdant jamais conscience de leur intégralité ni de leur unité complète avec tous les autres. La multiplicité ne domine plus ni ne divise ; même dans la complexité de ses mouvements, elle se reporte toujours à l'unité essentielle et à sa propre totalité intégrale. C'est pourquoi ce monde est appelé *maharloka*, monde de la vaste conscience.

Le principe de *maharloka* est *vijnâna*, l'idée ; mais ce *vijnâna* est l'idée intuitive, ou plutôt gnostique[1], et non la conception intellectuelle. La différence est que la conception intellectuelle non seulement tend vers la forme, mais se détermine dans la forme de l'idée, et une fois déterminée se distingue nettement des autres conceptions. L'idée purement intuitive ou gnostique se voit au contraire dans l'être aussi bien que dans le devenir. Elle est une avec l'existence qui projette la forme comme symbole de soi, et par conséquent elle porte toujours avec elle la connaissance de la vérité derrière la forme. Elle est dans sa nature même conscience de l'être et puissance de l'Unité, toujours consciente de sa totalité, partant par conséquent de la totalité de toute existence et en percevant directement le contenu. Sa nature est *drishti*, voir, et non pas concevoir. Elle est la vision à la fois de l'essence et de l'image. C'est cette intuition ou gnose qui est la vérité védique, la vision de soi et la vision totale de Sûrya.

1. L'intuition (révélation, inspiration, perception intuitive, discrimination intuitive) est *vijnâna* travaillant dans le mental, selon les conditions et dans les formes de ce dernier. La gnose, ou véritable supramental, est un pouvoir au-dessus du mental qui travaille selon sa propre loi, provenant de l'identité directe du Soi suprême, de sa vérité absolue et consciente de soi qui se connaît par son propre pouvoir de lumière absolue sans nul besoin de recherche, pas même de la recherche la plus lumineuse.

La loi de la vérité

La face de cette vérité est couverte comme d'un bouclier étincelant, d'un couvercle d'or – couverte bien entendu à la vue de notre conscience humaine. Car nous sommes des êtres mentaux et notre vue mentale ordinaire la plus haute se compose des concepts et perceptions du mental, qui sont bien un moyen de connaissance des rayons de la vérité, mais qui ne sont pas par nature la vérité de l'existence ; ils ne sont que la vérité de la forme. Grâce à eux nous disposons notre connaissance des apparences des choses et nous essayons d'en déduire la vérité qui est derrière ces apparences. La véritable connaissance est la vérité de l'existence, *satyam*, et non pas seulement la vérité de la forme ou de l'apparence.

Nous ne pouvons arriver à la vraie vérité que si Sûrya travaille en nous pour écarter cette formation brillante de concepts et de perceptions et la remplace par la vision de soi et la vision totale.

Pour cela, il est nécessaire que la loi et l'action de la vérité se manifestent en nous. Nous devons apprendre à voir les choses telles qu'elles sont, et à nous voir nous-même tels que nous sommes. Notre action actuelle est une action où la connaissance de soi et la volonté sont divisées. Nous partons de ce mensonge fondamental que nous avons une existence distincte de celle d'autrui, et nous essayons de connaître dans leur séparativité les rapports d'êtres distincts les uns des autres ; nous agissons ensuite d'après la connaissance ainsi constituée et en vue d'un intérêt individuel. La loi de la vérité agirait en nous si nous voyions la totalité de notre existence contenant toutes les autres, ses formes créées par l'action de la totalité, ses puissances travaillant dans la totalité et par l'action de la totalité. Notre action intérieure et extérieure jaillirait alors naturellement et directement de notre existence en soi, elle jaillirait de la vérité même des choses, et non conformément à un principe intermédiaire qui est dans sa nature même un reflet déformant.

L'accomplissement de Sûrya en l'homme

Néanmoins, même dans notre action ordinaire, il y a le commencement ou tout au moins la graine de la vérité qui doit nous libérer. Derrière chaque acte et chaque perception, il y a une intuition, une vérité qui, toute falsifiée qu'elle soit continuellement dans la forme, se conserve cependant dans son essence et travaille à nous conduire par une ampleur et une clarté croissantes vers la vérité dans la manifestation.

Derrière tout ce labeur de différenciation et de division, il y a une tendance persistante à l'unification, tendance qui est elle aussi constamment faussée dans les résultats particuliers, mais qui nous conduit pourtant avec persistance vers notre intégralité finale dans la connaissance, l'être et la volonté.

Sûrya est *pûshan*, nourricier ou augmentateur. Son travail doit être d'accomplir cet agrandissement de la perception de soi divisée et de l'action divisée de la volonté en la volonté et la connaissance intégrales. Il est l'unique voyant, et en remplaçant les autres formes de la connaissance par sa vision unifiante, il nous permet finalement d'arriver à l'unité. C'est cette vision intuitive de la totalité, d'un en tout et tout en un, qui devient en nous l'ordinateur de la juste loi de l'action, la loi de la vérité. Car Sûrya est Yama, celui qui prescrit ou dirige et fait appliquer la loi, le *dharma*. Nous arrivons ainsi à la plénitude de l'action de l'Illuminateur en nous, nous réalisons dans son intégralité la conscience-vérité. Nous sommes alors capables de voir que tout ce qui est contenu dans l'être de Sûrya, dans le *vijnâna* qui construit les mondes, est le devenir de l'existence dans la seule existence et le seul Seigneur de tout devenir, le *Purusha, Sachchidânanda*. Tout devenir prend naissance dans l'Être qui dépasse lui-même tous les devenirs et qui est leur Seigneur, Prajâpati.

Par la révélation de la vision de Sûrya se forme la vraie connaissance. L'Upanishad indique dans cette formation deux actions successives. Il y a d'abord un arrangement, ou ordonnancement des rayons de Sûrya, c'est-à-dire que les vérités cachées derrière nos concepts et nos perceptions sont extraites par des intuitions séparées de l'image et de l'essence de cette image, et disposées selon leurs véritables rapports les unes avec les autres. Nous parvenons ainsi à des totalités de connaissance intuitive et nous pouvons finalement aller au-delà, jusqu'à l'unité. C'est concentrer la lumière de Sûrya. Ce double mouvement est nécessité par la constitution de notre mental qui ne peut pas, comme la conscience-vérité originelle, partir immédiatement de la totalité et en percevoir le contenu de l'intérieur. Le mental ne peut guère concevoir l'unité autrement que comme une abstraction, une somme ou un vide. C'est pourquoi il doit être progressivement conduit de son propre mode à celui qui le dépasse. Il doit exécuter son propre processus caractéristique d'arrangement ; avec l'aide cependant de la faculté supérieure et par l'action de cette faculté, il ne le fait plus arbitrairement, mais selon l'action même de la Vérité de l'existence elle-même. Ensuite, en rectifiant ainsi progressivement le mode de sa propre action caractéristique, il peut réussir à renverser cette action caractéristique elle-même, il peut apprendre à passer de l'ensemble à son contenu, au lieu de prendre pour point de départ des « parties » [1], prises à tort pour des entités, et d'aller ensuite à un tout apparent qui est toujours une « partie » et que l'on prend encore à tort pour une entité.

L'unique qui existe

Ainsi, par l'action de Sûrya, nous arrivons à cette lumière du suprême supraconscient, dans

1. En réalité il n'y a pas de parties, puisque l'existence est indivisible.

laquelle même la connaissance intuitive de la vérité des choses sur la base d'une vision totale passe dans la vision de soi, lumineuse en soi, de l'unique qui existe, unique dans toutes les complexités infinies d'une expérience de soi qui ne perd jamais son unité ni sa lumière en soi. C'est la forme de Sûrya qui est belle entre toutes, car c'est la lumière suprême, la volonté suprême et la joie suprême de l'existence.

C'est le Seigneur, le *Purusha*, l'Être conscient de soi. Lorsque nous avons cette vision, il y a l'intégrale connaissance de soi, la vue parfaite qui s'expriment dans le grand cri de l'Upanishad : *so'ham*. Le *Purusha* là, et là je suis Lui. Le Seigneur Se manifeste dans les mouvements et habite beaucoup de formes, mais c'est l'Unique qui habite en tout. Cet être conscient de soi, ce Moi réel dont l'être mental individualisé dans la forme a conscience comme étant son vrai moi, c'est Lui. Il est le Tout ; et il est ce qui est au-delà du Tout.

LA VOLONTÉ DIVINE ET L'ACTION

17. – Souffle, haleine immortelle, voici, ce corps finit en cendres. Ainsi, Pouvoir de faire, souviens-toi de ce qui a été fait, souviens-toi ; Pouvoir de faire, souviens-toi de ce qui a été fait, souviens-toi.

18. – Agni, par la bonne voie conduis-nous vers la félicité, toi qui connais, ô Dieu, toutes les manifestations. Éloigne de nous l'égarement qui nous détourne. À toi nous offrons notre plus entière parole de soumission.

Le côté de l'action

C'est donc par Sûrya, par le développement de l'illumination dans le mental – illumination qui permet finalement au mental de se dépasser soi-même – que nous trouvons le premier principe du passage de la mortalité à l'immortalité. C'est par le soleil jouant le rôle de porte[1] que l'individu, la conscience limitée, parvient à la pleine conscience et à la pleine vie en l'Âme unique, suprême et embrassant tout.

La conscience et la vie sont toutes deux comprises dans la formule de l'immortalité ; la connaissance est incomplète sans l'action. *Chit* s'accomplit par *tapas*, la conscience s'accomplit par l'énergie. Et de même que Sûrya représente

1. *Sûryadvâren's.*

la lumière divine, Agni représentait pour les anciens rishis la force divine, la puissance divine ou volonté dans la conscience. La prière à Agni complète la prière à Sûrya.

La volonté individuelle

Dans l'action de même que dans la connaissance, la véritable base est l'unité. L'individu, en acceptant pour loi la division, en s'isolant soi-même dans ses propres limites égoïstes, est nécessairement mortel, obscur et ignorant dans sa manière d'agir. Il se conforme dans ses buts et ses méthodes à une connaissance qui est personnelle, gouvernée par le désir, par des habitudes de pensée, d'obscures impulsions subconscientes, ou tout au plus une lueur brisée, partielle et changeante. Il vit à la lumière de rayons isolés et non dans la clarté éblouissante du soleil. Sa connaissance est étroite dans son objectivité, étroite aussi dans sa subjectivité ; ni dans l'une ni dans l'autre elle n'est une avec la connaissance intégrale et l'action totale et la volonté totale dans l'univers. Son action est donc tortueuse, dispersée, hésitante et ondoyante dans son impulsion et dans sa direction ; elle tâtonne parmi des mensonges pour découvrir la vérité, elle entasse au hasard ou assemble tant bien que mal des morceaux pour arriver à en constituer un tout, elle trébuche parmi des erreurs et des péchés pour découvrir ce qui est juste. N'ayant ni une vision unique, ni une vision d'ensemble, ne possédant ni la totalité de la volonté universelle, ni l'unité concentrée de la volonté transcendante, la volonté individuelle ne peut pas marcher droit sur le chemin vrai ou juste, vers la vérité et l'immortalité. Dominée par le désir, exposée aux coups des forces qui l'entourent et avec lesquelles son égoïsme et son ignorance lui interdisent de se mettre en harmonie, elle est sujette aux deux enfants jumeaux de l'ignorance : la souffrance et la fausseté. N'ayant pas la vérité et le droit divins, elle ne peut avoir la félicité divine.

Agni, la volonté divine

Cependant, de même qu'il y a dans les erreurs de notre mental et de notre raison matériels, et derrière ces erreurs, une lumière qui par ce demi-jour prépare la pleine aurore de la vérité de l'homme, de même il y a dans tous nos péchés, nos erreurs et nos faux pas, et derrière eux, une volonté secrète qui tend vers l'amour et l'harmonie, qui sait où elle va, qui prépare et combine nos orientations déviées pour nous mettre sur le droit chemin qui sera le résultat final de tout ce labeur et toute cette recherche. L'apparition de cette volonté et de cette lumière est la condition de l'immortalité.

Cette volonté est Agni. Dans le Rig-Véda, d'où est pris le dernier verset de l'Upanishad, Agni est la flamme de la volonté divine ou force de conscience qui agit dans les mondes. On le décrit comme étant l'immortel chez les mortels, le guide du voyage, le cheval divin qui nous porte sur la route, le « fils de ce qui est tortueux », qui connaît et qui est lui-même la droiture et la vérité. Dissimulé et difficile à saisir dans les activités de ce monde, parce qu'elles sont toutes faussées par le désir et l'égoïsme, il les utilise pour passer au-delà d'elles et il apparaît comme l'universel en l'homme ou comme la puissance universelle, Agni Vaishvanara, qui contient en soi tous les dieux et tous les mondes, qui supporte toutes les activités universelles et réalise finalement la divinité, l'immortalité. Il est l'ouvrier de l'œuvre divine. Ce sont ces symboles qui commandent le sens des deux derniers versets de l'Upanishad.

Le principe-vie immortel

La vie est l'état d'où jaillissent la volonté et la lumière. Il est dit dans le Véda que Vâyu, ou Mâtarishvan, le principe-vie, est celui qui fait descendre Agni de Sûrya dans le monde suprême si haut et si lointain. La vie sollicite la volonté divine de descendre de la conscience-vérité dans le domaine du mental et du corps pour préparer ici, dans la vie, sa propre manifestation. Agni, en jouissant des choses de la vie, et en les dévorant, engendre les Maruts, forces nerveuses de la vie qui deviennent des forces de pensée ; ces Maruts, soutenus par Agni, préparent l'action d'Indra, le mental lumineux, qui est pour nos puissances de vie le rishi, celui qui découvre le vrai et le juste. Indra tue Vritra, « celui qui recouvre » ; il disperse les ténèbres, fait que Sûrya se lève sur notre être et se répande sur le champ tout entier avec les rayons de la vérité. Sûrya est le créateur ou manifestateur, Savitri, qui manifeste dans ce monde mortel le monde ou état d'immortalité, qui chasse le mauvais rêve de l'égoïsme, du péché et de la souffrance, et qui transforme la vie en immortalité, en bien, en béatitude. Les dieux védiques sont une parabole de la vie humaine qui émerge, monte, s'élève vers la divinité.

La vie, le corps, l'action, la volonté, tels sont nos premiers matériaux. La matière nous fournit le corps, mais celui-ci n'est qu'un nœud provisoire du mouvement, une habitation du *Purusha*, où celui-ci préside aux activités engendrées par le principe-vie. Une fois qu'il est rejeté par le principe-vie, le corps se dissout, il se termine en cendres. Par conséquent le corps n'est pas nous-même, il n'est qu'un instrument, un outil extérieur. La matière en effet est le principe d'obscurité et de division, de naissance et de mort, de formation et de dissolution. Elle est l'affirmation de la mort. L'homme immortel ne doit pas s'identifier avec le corps.

Le principe-vie qui est en nous survit. Il est le souffle immortel[1] ou, ce qui est le véritable sens de cette expression, la force subtile de l'existence qui est supérieure au principe de naissance et de mort. À première vue il peut sembler que la naissance et la mort sont des attributs de la vie, mais tel n'est pas le cas en réalité : la naissance et la

1. *Anilam amritam.*

mort sont des processus de la matière, du corps. Le principe-vie ne se forme pas et ne se dissout pas lorsque le corps prend forme et entre en dissolution. S'il en était ainsi, il ne pourrait y avoir aucune continuité de l'existence individuelle, et lors de la mort tout ferait retour au sans-forme. La vie forme le corps, elle n'est pas formée par lui. La vie est le fil le long duquel se dispose la continuité de nos vies corporelles successives, justement parce qu'elle est elle-même immortelle. Elle s'associe au corps périssable et entraîne dans son voyage l'être ou *Purusha* mental.

Volonté et mémoire

Ce voyage consiste en une série d'activités qui se continuent de vie en vie dans ce monde-ci, avec des intervalles de vie dans d'autres états. Le principe-vie les maintient ; il en fournit les matériaux dans l'énergie constructive qui prend forme en eux. Mais le Dieu qui y préside n'est pas le principe-vie, c'est la volonté. La volonté est *kratu*, la puissance effective qui est derrière l'action. Elle est de la nature de la conscience ; elle est énergie de conscience. Bien que présente dans toutes les formes conscientes, subconscientes ou supraconscientes, vitales, physiques ou mentales, elle n'entre en possession de son royaume que lorsqu'elle émerge dans le mental. Elle emploie la faculté mentale de la mémoire pour relier ensemble les activités et pour les diriger consciemment vers le but de l'individu.

Chez l'homme, l'emploi de la conscience par la volonté mentale est imparfait, parce que la mémoire est bornée. Notre action est à la fois dispersée et limitée parce que mentalement nous vivons d'heure en heure dans le courant du temps, et ne saisissons que ce qui attire notre mental égoïste ou lui semble avoir une utilité immédiate. Nous vivons dans ce que nous faisons, nous n'avons pas de pouvoir sur ce qui a été fait, nous serions plutôt dominés par nos actions passées que nous avons oubliées. C'est parce que nous habitons dans l'action et dans ses fruits au lieu de vivre dans l'âme et de regarder le flot de l'action en nous tenant en arrière de lui. Le Seigneur, la véritable volonté, se tient en arrière des actions ; aussi en est-il le seigneur et n'est-il pas lié par elles.

L'Upanishad fait solennellement appel à la volonté pour qu'elle se rappelle ce qui a été fait, afin qu'elle contienne le devenir et qu'elle en soit consciente, afin qu'elle devienne une puissance de connaissance et de possession de soi, et non pas seulement une puissance d'impulsion et de formulation de soi. Elle se rapprochera ainsi de plus en plus de la volonté véritable et elle présidera dans une maîtrise consciente à la coordination des vies successives. Au lieu d'être emportée de vie en vie le long d'un sentier tortueux, comme au gré des vents, elle pourra avancer de plus en plus droit, selon une succession ordonnée, en reliant les vies les unes aux autres avec une force croissante de connaissance et de direction, jusqu'à ce qu'elle devienne la volonté pleinement consciente qui avance avec l'illumination sur le droit chemin vers la félicité immortelle. La volonté mentale, *kratu*, devient alors ce qu'actuellement elle ne fait que représenter, la volonté divine, Agni.

Volonté et connaissance

Ce qui est essentiel dans la volonté divine, c'est qu'en elle conscience et énergie, connaissance et force ne font qu'un. Elle connaît toutes les manifestations et tout ce qui prend naissance dans les mondes. Elle est *jâtavedas*, ce qui a la vraie connaissance de toutes les naissances. Elle les connaît dans la loi de leur être, dans leurs rapports avec d'autres naissances, dans leur but et leur méthode, dans leur processus et leur objectif, dans leur unité avec tout, et leur différenciation d'avec tout. C'est cette volonté divine qui conduit l'univers ; elle est une avec toutes les choses qu'elle combine ; son être, sa connaissance et son action sont inséparables l'un de l'autre. Ce qu'elle est, elle le connaît ; ce qu'elle connaît, elle le fait et le devient.

Mais dès que la conscience égoïste émerge et intervient, il y a trouble, division, action fausse. La volonté devient une impulsion qui ignore son motif et son but secrets, la connaissance devient un rayon incertain et partiel qui ne possède pas la volonté, l'action et le résultat, mais s'efforce simplement de les posséder et de les informer. C'est parce qu'alors nous ne sommes pas en possession de notre moi[1], de notre être véritable, mais uniquement de l'ego. Ce que nous sommes, nous ne le savons pas ; ce que nous savons, nous ne pouvons le réaliser. Car la connaissance est réelle et l'action n'est en harmonie avec la vraie connaissance que lorsque l'une et l'autre proviennent naturellement de l'âme consciente, illuminée, et en possession de soi-même, dans laquelle l'être, la connaissance et l'action ne font qu'un seul mouvement.

Soumission à la volonté divine

C'est la transformation qui se produit lorsque, la volonté mentale se rapprochant de plus en plus de la volonté divine, Agni s'allume en nous. Ce sont cette connaissance et cette force croissantes qui nous entraînent finalement hors des voies tortueuses sur le bon chemin, le droit chemin. C'est la volonté divine, une avec la connaissance divine, qui nous conduit vers la félicité, vers l'état d'immortalité. Tout ce qui relève des déformations de l'ego, tout ce qui obscurcit, qui nous pousse ou nous tire sur telle ou telle fausse voie, avec ses faux appâts et ses embûches, tout cela elle l'écarte de nous. De la volonté qui a été divinisée, ces choses tombent, et cessent de trouver un refuge dans notre conscience.

Pour cette raison, le signe de l'action juste est une soumission croissante et finalement complète

---

1. *Atmavân.*

de l'individu à la volonté divine que l'illumination de Sûrya révèle en lui. Bien que manifestée dans la conscience de l'individu, cette volonté n'est pas individuelle. Elle est la volonté du *Purusha* qui est en toutes choses et au-delà de toutes choses. C'est la volonté du Seigneur.

La connaissance du Seigneur comme l'Unique dans l'être pleinement conscient de soi, et la soumission au Seigneur comme l'Universel et le Transcendant dans l'action pleinement consciente de soi sont les deux clés des portes divines, des portes de l'Immortalité.

La nature des deux, unies, est une dévotion illuminée qui accepte Dieu dans l'existence humaine, y aspire vers Lui et L'y réalise.

Conclusion

Ainsi le quatrième mouvement indique psychologiquement le double processus de cette arrivée à l'immortalité qui est le sujet du troisième mouvement, cet état de béatitude et de vérité au-dedans, et dans les mondes de lumière après la mort, aboutissant à l'identité de l'Un lumineux en soi. En même temps, ce quatrième mouvement particularise, sous le manteau des symboles védiques, le processus de cette connaissance de soi et de cette identification avec le Soi et tous ses devenirs qui est le sujet du deuxième mouvement, ainsi que le processus de cette action libérée dans l'assertion duquel culmine le premier mouvement. Il constitue ainsi une terminaison et une conclusion appropriées de l'Upanishad.

Conclusion et sommaire

Par le style, le contenu et la versification, l'Ishâ Upanishad est un des plus anciens écrits védântiques. Elle est certainement postérieure à la Chhândogya, à la Brihadâranyaka, et peut-être à la Taittirîya et à l'Aitareya, mais elle est sans nul doute la plus ancienne des Upanishads versifiées existantes. La pensée upanishadique se répartit naturellement en deux grandes périodes : dans la première, elle reste encore très proche de ses racines védiques, elle reflète l'ancien système psychologique des rishis védiques et en conserve ce qu'on pourrait appeler leur pragmatisme spirituel ; dans la seconde période, qui est postérieure, où la forme et la pensée se modernisent et deviennent plus indépendantes des origines et des anciens symboles, certains des principaux éléments de la pensée et de la psychologie védiques commencent d'être omis ou de perdre leur signification et leur fondement antérieurs ; le Védânta postérieur, ascétique et anti-pragmatique, commence à s'y montrer. L'Ishâ appartient au premier groupe, au groupe védique. Elle se trouve déjà en face du problème qui consiste à réconcilier la vie et l'activité humaines avec la conception moniste ; l'ample solution qu'elle offre de cette difficulté est l'un des morceaux les plus intéressants de la littérature védântique. C'est la seule Upanishad qui ait offert des difficultés presque insurmontables à l'illusionnisme et à l'antipragmatisme extrême de Shankara. Pour cette raison, un des plus grands disciples du maître la raya même de la liste des Upanishads qui font autorité.

Le principe de l'Isha Upanishad

Le principe qu'elle suit d'un bout à l'autre est la réconciliation sans demi-mesure d'extrêmes qui n'admettent eux-mêmes aucun compromis. Plus tard la pensée s'empara d'une série de termes : le monde, la jouissance, l'action, le multiple, la naissance, l'ignorance, et leur attribua une position plus ou moins secondaire, tout en exaltant la série contraire : Dieu, le renoncement, le quiétisme, l'unique, la cessation des naissances, la connaissance, jusqu'au moment où ce courant de pensée atteignit comme point culminant l'illusionnisme et cette idée que l'existence dans le monde est un piège, un fardeau dépourvu de sens, que l'âme s'est inexplicablement imposé à elle-même et qui doit être rejeté aussi vite que possible. Une telle idée devait aboutir à trancher brutalement le nœud de la grande énigme.

L'Ishâ Upanishad, au contraire, essaie de s'emparer des deux extrémités du nœud, de les dénouer et de les placer l'une à côté de l'autre dans une libération qui leur donnera en même temps leur véritable place et leur vrai rapport. L'Ishâ ne veut ni atténuer ni subordonner indûment aucun des extrêmes, bien qu'elle reconnaisse que l'un dépend de l'autre. Le renoncement doit être poussé jusqu'à l'extrême, mais la jouissance également doit être tout aussi intégrale. L'action doit être complète et sans restriction, mais d'autre part l'âme doit jouir à l'égard de ses œuvres d'une liberté absolue. L'unité totale et absolue est le but, mais cet absolu doit être amené à son terme suprême en y faisant entrer toute l'infinie multiplicité des choses.

Ce scrupule est tellement grand dans l'Ishâ Upanishad que par suite de son expression dans la formule : « par l'ignorance ayant franchi la mort, par la connaissance il jouit de l'immortalité », la vie dans le monde pouvant être interprétée comme un simple préliminaire à une autre existence au-delà, elle rétablit immédiatement l'équilibre en renversant l'ordre dans une formule parallèle : « par la dissolution ayant franchi la mort, par le devenir il jouit de l'immortalité », faisant ainsi de la vie elle-même le champ de l'existence immortelle qui est le but et l'aspiration de toute vie. Dans cette conclusion, elle est d'accord avec l'ancienne pensée védique selon laquelle tous les mondes, l'existence et la non-existence, la mort, la vie et l'immortalité sont présents ici même dans l'être humain incarné, y sont en cours d'évolution, y sont réalisables pour qu'on les possède et qu'on en jouisse, et n'exigent pas pour cela qu'on renonce à la vie et à l'existence corporelles. Cette pensée n'a jamais entièrement disparu de la philosophie indienne, mais elle y a pris une place secondaire, et n'est plus admise qu'accessoirement, sans force suffisante pour atténuer notablement cette affirmation toujours plus énergique que l'extinction de l'existence dans le monde est la condition de notre liberté et le seul but qui soit pour nous sage et digne d'effort.

Les opposés

Les couples d'opposés qui sont pris et résolus par l'Upanishad les uns après les autres sont, dans l'ordre dans lequel ils y apparaissent :

1° Le Seigneur conscient et la nature phénoménale.

2° Renoncement et jouissance.

3° Action dans la nature et liberté dans l'âme.

4° Le Brahman unique et stable et le mouvement multiple.

5° Être et devenir.

6° Le Seigneur actif et l'*akshara* Brahman indifférent.

7° *Vidyâ* et *avidyâ*.

8° Naissance et non-naissance.

9° Œuvres et connaissance.

Ces divergences sont résolues les unes après les autres de la façon suivante :

1° Dieu et la nature

La nature phénoménale est un mouvement du Seigneur conscient. Le but de ce mouvement est de créer des formes de Sa conscience en action, formes dans lesquelles Il peut habiter comme âme unique dans de multiples corps, et jouir de la multiplicité et du mouvement avec tous leurs rapports[1].

2° Jouissance et renoncement

La jouissance réelle et intégrale de tout ce mouvement et cette multiplicité dans leur vérité et leur infinité exige un renoncement absolu, mais ce qui est exigé, c'est un renoncement absolu au principe du désir qui a pour base le principe de l'égoïsme, et non un renoncement à l'existence dans le monde[2]. Cette solution est conditionnée par l'idée que le désir est uniquement une déformation égoïste et vitale du divin *ânanda*, ou joie d'être,

1. C'est aussi le point de vue de la Bhagavad-Gîtâ, et il est maintenant accepté de façon générale.

2. C'est encore le point de vue central de la Bhagavad-Gîtâ, qui néanmoins admet aussi le renoncement à l'existence dans le monde. La tendance générale de la pensée védântique serait d'accepter comme essentiel le renoncement au désir et à l'égoïsme, mais de soutenir que le renoncement à l'égoïsme signifie renoncement à toute existence dans le monde, car le Védânta voit la cause de cette existence dans le désir et non dans l'*ânanda.*

d'où est né le monde ; lorsqu'on arrache l'ego et le désir, *ânanda* redevient le principe conscient de l'existence. Cette substitution est l'essence du passage de la vie dans la mort à la vie dans l'immortalité. Par jouissance de l'immortalité, on entend la jouissance – fondée sur l'unité de tout dans le Seigneur – de la joie infinie de l'existence qui a été libérée de l'ego.

3° Action et liberté

Les actions ne sont pas incompatibles avec la liberté de l'âme. L'homme n'est pas lié par les œuvres ; il n'en a que l'apparence. Il doit recouvrer la conscience de son inaliénable liberté en recouvrant la conscience de l'unité dans le Seigneur, unité en lui-même, unité avec toute existence[1]. Cela fait, la vie et les œuvres peuvent et doivent être acceptées dans leur plénitude, car la manifestation du Seigneur dans la vie et dans les œuvres est la loi de notre être et la raison d'être de notre existence dans le monde.

4° La quiétude et le mouvement

Que dire alors de la quiétude de l'Être suprême ; comment le fait de persister dans le mouvement est-il compatible avec cette quiétude

1. Cette vérité est elle aussi généralement admise, mais il n'en est pas de même de la conclusion qui en est tirée.

dans laquelle on reconnaît généralement une condition essentielle de la Béatitude suprême ?

Aussi bien l'un que l'autre, la quiétude et le mouvement sont un seul Brahman, et la distinction que l'on fait entre eux n'est qu'un phénomène de notre conscience. Il en est de même des idées d'espace et de temps, de loin et de près, de subjectif et d'objectif, d'intérieur et d'extérieur, de moi et d'autrui, d'un et de multiple. Brahman, l'existence réelle, est tout cela pour notre conscience, mais en soi il est ineffablement au-dessus de toutes ces distinctions pratiques. Le mouvement est un phénomène de la quiétude, et la quiétude elle-même peut être conçue comme un mouvement trop rapide pour que les dieux, c'est-à-dire nos différentes fonctions de conscience, puissent le suivre dans sa nature réelle. Ce n'est pas cependant un mouvement formel, matériel, spatial, temporel, mais seulement un mouvement dans la conscience. La connaissance voit tout cela comme ne faisant qu'un, l'ignorance divise et crée des oppositions là où il n'y en a pas, là où il y a simplement des rapports d'une conscience en soi-même. L'ego dans le corps dit : « Je suis à l'intérieur, tout le reste est à l'extérieur. Et dans ce qui est extérieur, ceci est proche de moi dans le temps et dans l'espace, et cela éloigné. » Tout cela est vrai dans les rapports actuels, mais en essence tout est un seul mouvement indivisible de Brahman, non pas un mouvement matériel, mais une façon de voir les choses dans la conscience unique.

5° Être et devenir

Tout dépend de ce que nous voyons, comment nous considérons l'existence, d'après la façon dont notre âme voit les choses. Être et devenir, l'un et le multiple, sont tous deux vrais et tous deux la même chose. L'être est un, les devenirs sont nombreux ; mais cela signifie simplement que tous les devenirs sont un seul Être qui se place diversement dans le mouvement phénoménal de sa propre conscience. Il nous faut voir l'être unique, mais nous n'avons pas à cesser de voir les devenirs multiples, car ils existent et sont compris dans la vision que Brahman a de soi-même. Nous devons seulement regarder avec la connaissance et non avec l'ignorance. Nous devons comprendre que notre vrai moi est l'unique Brahman immuable et indivisible. Nous devons voir tous ces devenirs comme des développements du mouvement dans notre vrai moi, et ce moi comme unique habitant de tous les corps et non pas seulement du nôtre.

Dans nos rapports avec ce monde, nous devons être consciemment ce que nous sommes en réalité : ce moi unique qui devient tout ce que nous observons. Tout le mouvement, toutes les énergies, toutes les formes, tout ce qui se passe, nous devons le voir comme appartenant à notre moi unique et réel dans beaucoup d'existences, comme le jeu de la volonté, de la connaissance et de la joie du Seigneur dans Son existence dans le monde.

Nous serons alors libérés de l'égoïsme, du désir et du sens de l'existence séparée, libérés par conséquent de tout chagrin, de tout mirage, de tout recul craintif ; car tout chagrin provient de ce que l'ego évite peureusement les contacts de l'existence, du sens de crainte, de faiblesse, de besoin, d'aversion, etc., qu'a l'ego. Et cela provient à son tour du mirage de l'existence séparée, du sens d'être « mon ego personnel » exposé à tous ces contacts avec tant de choses qui ne sont pas moi. Débarrassez-vous de cela, voyez partout l'unité, soyez l'Un qui se manifeste dans toutes les créatures ; l'ego disparaîtra ; et disparaîtra aussi le désir né de ce que nous avons le sentiment de ne pas être ceci, de ne pas posséder cela ; la joie libre et inaliénable que prend l'Un à sa propre existence remplacera le désir et son cortège de satisfactions et de mécontentement[1]. L'immortalité vous appartiendra, la mort née de la division sera vaincue.

6° Le Brahman actif et inactif

Le Brahman inactif et le Brahman actif sont simplement deux aspects du Soi unique, du Brahman unique, qui est le Seigneur. C'est lui qui s'est répandu partout dans le mouvement. Dans son

1. Selon l'opinion courante, on admettait tout cela, mais on doutait qu'il fût pratiquement possible de maintenir simultanément cet état de conscience et la naissance dans le monde.

existence inactive il se garde libre de toute modification. L'inaction est la base de l'action et existe dans l'action ; c'est sa liberté de tout ce qu'il fait et devient, et en tout il agit et devient. Ce sont les pôles positif et négatif d'une seule conscience indivisible. Nous embrassons les deux dans une quiétude et un mouvement qui sont inséparables l'un de l'autre et dépendent l'un de l'autre. La quiétude existe relativement au mouvement, et le mouvement relativement à la quiétude. Brahman est au-delà des deux. Ce point de vue est différent de celui selon lequel il y a identité entre le mouvement et la quiétude, qui sont un en réalité ; il exprime plutôt leur rapport dans notre conscience une fois qu'on les a admis comme une nécessité pratique de cette conscience. Il est évident qu'en devenant un avec le Seigneur, nous partagerions aussi cette existence consciente une dans sa dualité[1].

7° Vidyâ et Avidyâ

La connaissance de l'un et la connaissance du multiple sont un résultat du mouvement de la conscience unique, qui voit toutes choses comme étant Une dans leur idée-vérité, mais les différencie dans leur mentalité et leur devenir formel. Si le mental (*manîshî*) s'absorbe en Dieu comme

1. Selon l'opinion courante, le *jîva* ne peut exister dans les deux en même temps ; il se dissout dans la quiétude et non dans l'unité avec le Seigneur dans l'inaction.

devenir formel (*paribhu*) et se sépare de Dieu dans l'idée vraie (*kavi*), il perd alors *vidyâ*, la connaissance de l'un, et n'a que la connaissance du multiple, qui dans ce cas n'est plus du tout connaissance, mais ignorance, *avidyâ*. C'est la cause du sens de l'ego séparé.

Avidyâ est admis par le Seigneur dans le mental (*manîshî*) afin de développer au maximum les rapports individuels dans toutes les possibilités de la division et de ses conséquences, et ensuite, par ces rapports individuels, de revenir individuellement à la connaissance de l'Un en tout. Cette connaissance a toujours subsisté et n'a jamais été abrogée dans la conscience du véritable voyant ou *kavi*. Ce voyant en nous se tient en arrière du penseur mental ; ce dernier, ainsi isolé, doit triompher de la mort et de la division, par une expérience qu'il poursuit en tant qu'habitant individuel, et finalement recouvrer l'état d'immortalité par la connaissance réunie de l'un et du multiple. C'est là notre vraie route ; nous n'avons ni à nous consacrer exclusivement à la vie d'*avidyâ*, ni à la rejeter entièrement pour une absorption immobile dans l'Unique.

8° Naissance et non-naissance

La raison de ce double mouvement du Penseur est que nous sommes destinés à réaliser l'immortalité dans la naissance. Le soi est uniforme et ne meurt pas ; il possède toujours l'immortalité en lui-même. Il n'a pas besoin de descendre dans l'*avidyâ* et la naissance pour obtenir cette immortalité de la non-naissance, car il la possède toujours. Il descend afin de la réaliser et de la posséder comme le Brahman individuel dans le jeu de l'existence dans le monde. Il accepte la naissance et la mort, assume l'ego, puis, dissolvant l'ego en recouvrant l'unité, se réalise soi-même comme le Seigneur, l'Unique, et réalise la naissance comme un simple devenir du Seigneur en l'être mental et formel. Ce devenir est maintenant régi par la vision vraie du voyant ; cela une fois accompli, le devenir n'est plus incompatible avec l'être, la naissance devient un moyen – et non plus un obstacle – pour que le seigneur de cette habitation formelle jouisse de l'immortalité[1]. C'est cela que nous devons faire, et non pas rester à jamais dans l'enchaînement de la naissance et de la mort, ni fuir la naissance pour arriver à un non-devenir absolu. La servitude ne résulte pas de l'acte physique du devenir, mais de la persistance du sens ignorant d'un ego séparé. Le mental crée la chaîne, et non pas le corps.

1. C'est la pierre d'achoppement des philosophies ordinaires, imprégnées qu'elles sont de l'idée que le monde est illusion, même si elles ne suivent pas jusqu'au bout le *mâyâvâda*. La naissance, diraient-elles, est un jeu de l'ignorance : elle ne peut subsister avec la connaissance complète.

9° Œuvres et connaissance

L'opposition entre les œuvres et la connaissance existe tant que les œuvres et la connaissance ont seulement le caractère mental égoïste. La connaissance mentale n'est pas de la vraie connaissance ; la vraie connaissance est celle qui repose sur la vraie vision, sur la vision du voyant, de Sûrya, du *kavi.* La pensée mentale n'est pas connaissance ; elle est un masque d'or placé devant le visage de la Vérité, de la Vision, de l'Idéation divine, de la Conscience-vérité. Quand ce masque est enlevé, la vision remplace la pensée mentale, et l'idéation-vérité qui embrasse tout, *mahas, véda, drishti*, remplace l'activité mentale fragmentaire. La véritable buddhi (*vijnâna*) émerge de l'action dispersée de *buddhi* qui est la seule possibilité sur la base du mental sensoriel, de *manas. Vijnâna* nous conduit à la pure connaissance (*jnâna*), à la pure conscience (*chit*). Là nous réalisons notre entière identité avec le Seigneur en tout, aux racines mêmes de notre être.

Or en *chit*, volonté et vision ne font qu'un. Par conséquent en *vijnâna*, ou idéation-vérité, qui jaillit lumineusement de *chit*, volonté et vision sont également combinées et ne sont plus séparées l'une de l'autre comme dans le mental. Lorsque nous avons la vision et que nous vivons dans la conscience-vérité, notre volonté devient donc la loi spontanée de la vérité en nous ; connaissant toutes ses actions, ainsi que leur sens et leur objectif, elle conduit tout droit au but humain, qui fut toujours la jouissance de l'*ânanda*, la joie du Seigneur dans sa propre existence, l'état d'immortalité. Dans nos actions aussi, nous devenons un avec tous les êtres, et notre vie s'épanouit en une représentation d'unité, de vérité et de divine joie, sans plus suivre le chemin tortueux de l'égoïsme, plein de divisions, d'erreurs et d'embûches. En un mot, nous parvenons au but de notre existence, qui est de manifester en soi-même, soit sur terre dans un corps terrestre et contre la résistance de la matière, soit dans d'autres mondes au-delà, soit en pénétrant au-delà de tous les mondes, la gloire de la vie divine et de l'être divin.

LA KENA UPANISHAD

Traduction française
par Camille Rao, René Daumal et Jean Herbert

Texte

I

1. Par qui lancé le mental (*manas*) va-t-il frapper sa cible ?
   Par qui attelé le premier souffle de vie va-t-il son chemin ?
   Par qui lancée, cette parole que l'on parle ?
   L'œil et l'oreille, quel Dieu les a mis à leurs tâches ?

2. Cela, qui est ouïe derrière l'ouïe, mental du mental,
   Verbe derrière la parole – cela aussi est vie du souffle de vie,
   et vue derrière la vue. Par-delà, les sages trouvent leur libération,
   et continuant leur route après ce monde, ils deviennent immortels.

3. Là n'atteint pas la vue, n'atteint pas la parole, ni le mental.
   Nous ne savons, et ne pouvons discerner comment de Cela on doit instruire ;

car il est autre que le connu, et il est au-dessus et au-delà de l'inconnu ;
ainsi l'avons-nous entendu dire aux anciens qui ont enseigné Cela à notre entendement.

4. Cela, que la parole n'exprime, et par quoi elle est exprimée, sache que le Brahman, c'est Cela, et non ceci qu'on recherche ici-bas.

5. Cela, qui ne pense pas par le mental[1], et par quoi le mental est pensé,
sache que le Brahman, c'est Cela, et non ceci qu'on recherche ici-bas.

6. Cela, qui ne voit pas par l'œil[2], et par quoi l'on voit les visions de l'œil,
sache que le Brahman, c'est Cela, et non ceci qu'on recherche ici-bas.

7. Cela, qui n'entend pas par l'oreille[3], et par quoi l'audition est ouïe,
sache que le Brahman, c'est Cela, et non ceci qu'on recherche ici-bas.

8. Cela, qui ne respire pas par le souffle[4], et par quoi le souffle de vie est mené en ses voies,

1. Ou : « Cela, que l'on ne pense pas par le mental ».
2. Ou : « Cela, que l'on ne voit pas par l'œil… ».
3. Ou : « Cela, que l'on n'entend pas par l'oreille… ».
4. Ou : « Cela que l'on ne flaire pas par le souffle… ».

sache que le Brahman, c'est Cela, et non ceci qu'on recherche ici-bas.

II

1. Si tu penses : « je le connais bien », tu connais bien peu la forme du Brahman. Ce qui de Lui est toi, ce qui de Lui est dans les dieux, cela, tu dois tâcher de le comprendre. – Je pense qu'il est connu[1].

2. Je ne pense pas : « je le connais bien », et cependant je connais que Cela ne m'est pas inconnu.
Celui d'entre nous qui le connaît connaît Cela ; il connaît que cela ne lui est pas inconnu.

3. Celui qui n'en a pas la pensée, celui-là le pense ; celui qui en a la pensée ne le connaît pas.
Il est inconnu au discernement de ceux qui lui appliquent leur discernement ; par ceux qui ne cherchent pas à lui appliquer leur discernement, il est discerné.

---

1. Ces derniers mots sont généralement considérés comme le début de la réponse de l'élève à ce que vient de dire le maître (N. D. T.).

4. Lorsqu'il est connu par la perception qui le reflète, alors on en a la pensée, car on trouve l'immortalité ;
par le Moi on trouve la force de l'atteindre et par la connaissance on trouve l'immortalité.

5. Si l'on a ici-bas atteint cette connaissance, alors on est vraiment ; si l'on n'a pas ici-bas atteint la connaissance, grande alors est la perdition.
En toutes sortes de devenirs (*bhûta*), les sages distinguent Cela, et continuant [leur route] après ce monde, ils deviennent immortels.

III

1. L'Éternel pour les Dieux vainquit, et dans cette victoire de l'Éternel les Dieux furent magnifiés.
Voici ce qu'ils virent : « Nôtre est cette victoire, nôtre est cette grandeur. »

2. Cela discerna cette pensée qu'ils avaient ; pour eux Cela devint manifeste. Ils ne purent discerner Cela, ce qu'était ce puissant daïmon.

3. Ils dirent à Agni : « Ô Connaisseur-de-toutes naissances, discerne ce qu'est ce puissant daïmon. – Soit », dit-il.

4. Il se rua sur Cela ; Cela lui dit : « Qui es-tu ? – Je suis Agni, dit-il, et je suis le Connaisseur-de-toutes-naissances. –

5. Si tel tu es, quelle est la force qui est en toi ? – Tout ceci, je puis le brûler, tout ce qui est sur la terre. »

6. Devant lui, Cela posa un brin d'herbe : « Ceci, brûle-le. » Il s'élança dessus de toute sa vitesse, et il ne put le brûler. Et là il s'arrêta, et de là il s'en retourna. « Je n'ai pu discerner Cela, ce qu'est ce puissant daïmon. »

7. Alors ils dirent à Vâyu : « Ô Vâyu, discerne ce qu'est ce puissant daïmon. – Soit », dit-il.

8. Il se rua sur Cela ; Cela lui dit : « Qui es-tu ? – Je suis Vâyu, dit-il, et je suis Celui-qui-s'épand-dans-la Mère-des-choses. –

9. Si tel tu es, quelle est la force qui est en toi ? – Tout ceci, je puis le prendre, tout ce qui est sur la terre. »

10. Devant lui, Cela posa un brin d'herbe : « Ceci, prends-le. » Il s'élança dessus de toute sa vitesse, et il ne put le prendre. Et là il s'arrêta, et de là il s'en retourna. « Je n'ai pu discerner Cela, ce qu'est ce puissant daïmon. »

11. Alors ils dirent à Indra : « Maître-des-plénitudes, trouve, toi, la connaissance de ce qu'est ce puissant daïmon. – Soit », dit-il. Il se rua vers Cela. Cela disparut de devant lui.

12. Et lui, dans le même éther, il rencontra la Femme, celle qui resplendit en formes nombreuses, Umâ, fille des sommets neigeux. Il lui dit : « Qu'était ce puissant daïmon ? »

IV

1. Elle [lui] dit : « C'est l'Éternel (Brahman). De l'Éternel est cette victoire en laquelle vous serez magnifiés. » Alors seulement il vint à connaître que c'était le Brahman.

2. Aussi ces Dieux sont-ils comme par-delà tous les autres Dieux, eux – Agni, Vâyu et Indra – qui furent le plus près de toucher Cela…[1].

3. Aussi Indra est-il comme par-delà tous les autres Dieux, parce qu'il fut le plus près de toucher Cela, parce qu'il sut le premier que c'était le Brahman.

---

1. Par suite d'une erreur d'anciens mémoriseurs ou de copistes plus récents, la fin de ce verset s'est trouvée corrompue sans remède. Elle se présente ainsi : « Eux fut (*sic*) le premier à connaître que c'était le Brahman », ce qui ne s'accorde ni avec le récit, ni avec le sens, ni avec la gram-

4. Cela est désigné ainsi : c'est comme cet éclair qui éclate sur nous, ou comme ce battement de paupière – ainsi en ce qui est des Dieux.

5. Maintenant, en ce qui est du Moi : c'est comme le mouvement de ce mental qui semble atteindre Cela, et par quoi ensuite la volonté en pensée se rappelle constamment Cela.

6. Cela a nom « Ce Délice » ; c'est « Ce Délice » que l'on doit rechercher. Celui qui connaît Cela ainsi, vers lui en vérité toutes les existences (*bhûta*) tournent leurs désirs.

7. Tu as dit : « Dis-moi l'Upanishad[1] ; l'Upanishad t'a été dite. De l'Éternel en vérité est l'Upanishad que nous t'avons dite. »

8. De cette connaissance, austérité, conquête de soi et œuvres sont la base, les Védas sont tous ses membres, la vérité est sa demeure.

9. Celui qui connaît cette connaissance retranche de lui le mal, et, dans le ciel infini et ce monde plus vaste, il trouve sa propre base, oui, il trouve sa base.

---

maire. La fin du troisième verset s'est entremêlée au texte du deuxième et en a remplacé la conclusion originelle.

1. *Upanishad* signifie connaissance intérieure, celle qui pénètre dans la Vérité dernière et s'y établit.

Commentaires

I

Les douze Upanishads principales traitent d'un seul corps de sagesse antique, mais elles l'abordent par des côtés différents. Dans le grand royaume de Brahmavidyâ, chacune entre par ses propres portes, suit son propre chemin, son propre circuit, se dirige vers son propre point d'arrivée. L'Ishâ et la Kena Upanishads ont toutes deux pour objet le même vaste problème, la conquête de l'état d'Immortalité, les rapports du divin Brahman, qui régit et possède tout, avec le monde et la conscience humaine, les moyens de sortir de notre condition présente d'êtres séparés, ignorants et malheureux, pour entrer dans l'unité, la vérité, la divine béatitude. L'Ishâ se termine sur l'aspiration vers la félicité suprême ; la Kena se termine sur la définition de Brahman comme Délice et sur l'injonction d'adorer et de chercher Cela en tant que Délice. Il y a cependant une différence dans le point de départ, et même dans le point de vue, une certaine divergence sensible dans l'attitude.

Le sujet précis des deux Upanishads en effet n'est pas identique. L'Ishâ a pour sujet le problème tout entier du monde, de la vie et des œuvres et de la destinée humaine dans leurs rapports avec la vérité suprême du Brahman. Elle embrasse dans la brièveté de ses dix-huit versets la plupart des problèmes fondamentaux de la Vie et les passe rapidement en revue, en prenant pour clé qui ouvrira toutes les portes l'idée du Moi suprême et de ses devenirs, du Seigneur suprême et de ses activités. L'unité de toutes les existences en est la note dominante.

La Kena Upanishad s'attache à un problème plus restreint, commence par une recherche plus précise et plus étroitement définie. Elle s'occupe seulement des rapports entre la conscience mentale et la conscience du Brahman et ne sort pas des strictes limites de son sujet. Le monde matériel et la vie physique sont posés en principe et il en est à peine fait mention. Mais le monde matériel et la vie physique n'existent pour nous qu'en vertu de notre moi intérieur et de notre vie intérieure. Selon la manière dont nos instruments mentaux nous représentent le monde extérieur, selon la manière dont notre force vitale obéissant au mental réagit à ses chocs et à ses objets, ainsi seront notre vie et notre existence extérieures. Le monde est pour nous ce que notre mentalité décide qu'il deviendra. L'Upanishad pose la question : quels sont donc ces instruments mentaux ?

Quelle est cette vie mentale qui emploie la vie extérieure ? Sont-ils les témoins derniers, la puissance suprême et finale ? Le Mental est-il tout, ou cette existence n'est-elle que le voile de quelque chose de plus grand, de plus puissant, de plus lointain et de plus profond qu'elle-même ?

L'Upanishad répond qu'il y a en effet derrière le voile une telle existence, qui est au mental et à ses instruments, à la force vitale et à son jeu, ce qu'eux-mêmes sont au monde matériel. La Matière ne connaît pas le Mental ; le Mental connaît la Matière ; c'est seulement quand la créature incarnée dans la Matière engendre le mental, devient l'être mental, qu'elle peut connaître son moi mental et, par ce moi, connaître aussi la Matière en sa réalité par rapport au mental. De même, le Mental ne connaît pas Cela qui est derrière lui, Cela connaît le Mental ; et c'est seulement quand l'être enveloppé dans le Mental peut libérer hors de ses apparences son vrai Moi qu'il peut devenir Cela, savoir que c'est lui-même, et par lui connaître aussi le Mental en sa réalité par rapport à ce qui est plus réel que le Mental. Comment s'élever au-delà du mental et de ses instruments, pénétrer en soi, atteindre au Brahman – tel devient le but suprême de l'être mental, le problème d'importance capitale dans son existence.

Si l'on admet, en effet, qu'il y a une existence plus réelle que l'existence mentale, une vie plus grande que la vie physique, il s'ensuit que la vie inférieure, avec ses formes, avec ses jouissances qui sont tout ce que les hommes ici-bas communément adorent et poursuivent, ne peut plus être un objet de désir pour l'esprit éveillé. Il lui faut aspirer plus haut ; il lui faut se libérer de cet univers de mort et de simples phénomènes et passer au-delà pour devenir lui-même, en sa vraie condition d'immortalité. C'est alors seulement qu'il existe en réalité, quand ici, même en cette vie mortelle, il peut se libérer de la conscience mortelle et connaître et être l'immortel et l'éternel. Sinon il sent qu'il s'est perdu, qu'il est tombé de son vrai salut.

Mais l'Upanishad ne représente pas cette conscience du Brahman comme une chose tout à fait étrangère au monde mental et physique, à l'écart de lui, ne s'inquiétant nullement de ses activités et elle-même nullement active. Au contraire, le Brahman est le Seigneur et le régent du monde entier ; les énergies des Dieux dans la conscience mortelle sont ses énergies ; quand les Dieux « vainquent et sont magnifiés », c'est parce que Brahman a lutté et vaincu. Ce monde-ci est donc une action inférieure, une représentation superficielle de quelque chose d'infiniment plus grand, plus parfait, plus réel que lui-même.

Qu'est ce quelque chose ? C'est la Toute-Félicité qui est être infini et force immortelle. Ce que les hommes devraient adorer et rechercher, c'est cette félicité pure et absolue, et non les désirs et les jouissances de ce monde. Comment la rechercher, c'est l'unique question qui importe ; la poursuivre de tout son être est l'unique vérité et l'unique sagesse.

II

Le mental est l'agent de la conscience inférieure ou phénoménale ; la force vitale ou souffle de vie, la parole et les cinq sens de perception sont les instruments du mental. Seul le *prâna*, la force de vie dans le système nerveux, est en vérité l'instrument principal de notre conscience mentale ; car c'est par lui que le mental perçoit les contacts du monde physique à travers les organes de connaissance – vue, ouïe, odorat, toucher, goût – et qu'il réagit sur son objet par la parole et les quatre autres organes d'action ; le fonctionnement de tous ces sens dépend de la « force de Vie » nerveuse. Aussi l'Upanishad commence-t-elle par rechercher la source originelle et le principe directeur ultime des activités du Mental, de la force de Vie, de la Parole, des Sens.

La question posée est : *kena*, par qui ou par quoi ? Selon la conception antique de l'univers, notre existence matérielle est dérivée des cinq états élémentaux de la Matière, correspondant à l'éther, à l'air, au feu, au liquide et au solide ; tout ce qui concerne notre existence matérielle est appelé l'élémental, *adhibhauta*. Là, sur ce plan matériel, se meuvent des puissances non matérielles qui se manifestent à travers la Force mentale et la Force vitale agissant sur la Matière ; on les appelle Dieux ou *devas* ; tout ce qui concerne l'action du non-matériel en nous est appelé *adhidaiva* (qui se rapporte aux Dieux). Mais au-dessus des puissances non-matérielles, les contenant, plus grand qu'elles, il y a le Moi ou Esprit, *âtman*, et tout ce qui concerne cette existence supérieure en nous est appelé le spirituel, *adhyâtma*. Du point de vue de l'Upanishad, l'*adhidaiva* est le subtil en nous ; c'est ce que représentent le Mental et la Vie par opposition à la matière grossière ; car c'est dans le Mental et la Vie qu'est l'action caractéristique des Dieux.

L'Upanishad ne s'occupe pas de l'élémental, de l'*adhibhauta ;* elle traite des rapports entre l'existence subtile et l'existence spirituellle, l'*adhidaiva* et l'*adhyâtma*. Mais le Mental, la Vie, la parole, les sens sont gouvernés par des puissances cosmiques, par des Dieux, par Indra, Vâyu, Agni. Ces puissances cosmiques subtiles sont-elles le commencement de l'existence, les vrais moteurs du mental et de la vie, ou y a-t-il derrière elles une force supérieure unificatrice, une en soi ?

De Qui ou de Quoi le mental reçoit-il sa mission, est-il lancé dans sa course, si bien qu'il tombe sur son objet comme une flèche lancée par un archer habile sur la cible choisie d'avance, comme un messager envoyé par son maître en un lieu précis avec un but précis ? Qu'est-ce donc au-dedans de nous ou en dehors de nous qui envoie le mental accomplir sa mission ? Qu'est-ce qui le guide vers son objet ?

Il y a aussi la force de Vie, le *prâna*, qui agit dans notre être vital et notre système nerveux. L'Upanishad en parle comme du Souffle premier ou suprême ; ailleurs dans les Écritures, on en parle comme du Souffle principal ou du Souffle de la bouche, *mukhya, âsanya* ; c'est ce qui porte en soi le Verbe, l'expression créatrice. On considère qu'il y a dans le corps de l'homme cinq activités de la force vitale appelées les cinq *prânas*. Le *prâna* proprement dit se meut dans la partie supérieure du corps et il est principalement le souffle de vie, parce qu'il apporte la force de Vie universelle dans le système physique et l'y dépose pour qu'elle soit distribuée. Dans la partie inférieure du tronc est un deuxième, appelé *apâna*, le souffle de mort ; car par lui s'exhale du corps la force vitale. Un troisième, le *samâna*, régit les échanges de ces deux forces à leur point de rencontre, les rend égales, et joue le rôle le plus important dans le maintien en équilibre des forces vitales et de leurs fonctions. Un quatrième, partout répandu, le *vyâna*, distribue les énergies vitales à travers tout le corps. Un cinquième, l'*udâna*, monte à travers le corps jusqu'au sommet de la tête, véritable canal de communication entre la vie physique et la vie plus grande de l'esprit. Aucun d'entre eux n'est le Souffle premier ou suprême, bien que le *prâna* en soit la représentation la plus approchée ; le Souffle auquel les Upanishads donnent tant d'importance est la pure force vitale elle-même – et ce souffle est dit premier parce que tous les autres sont secondaires par rapport à lui, nés de lui, et n'existent que comme fonctions spéciales de lui. Il est représenté dans le Véda par l'image du Cheval ; ses énergies diverses sont les forces qui meuvent les chars des Dieux. L'image védique est rappelée par le choix des termes employés dans l'Upanishad : *yukta* (attelé), *praiti* (va, avance, comme un cheval conduit par le cocher avance sur la route). Qui donc a attelé cette force de Vie aux activités nombreuses de l'existence, ou par quelle puissance supérieure à elle-même avance-t-elle sur ses propres chemins ? Car elle n'est pas première, ni existant en soi, ni son propre agent. Nous avons conscience d'une puissance derrière elle qui la guide, la conduit, la maîtrise, l'emploie.

La force du souffle vital nous permet de former et de faire jaillir du corps cette parole qui nous sert à exprimer, à projeter dans un monde d'action et de création nouvelle les vouloirs et les formes-pensées du mental. Elle est mue par Vâyu, le souffle de vie ; elle est formée par Agni, qui est, dans le mental et le corps, la secrète force de volonté, l'énergie de feu qui façonne. Mais Vâyu, Agni ne sont que des agents. Quelle est cette puissance secrète derrière eux, le maître de la parole que parlent les hommes, ce qui réellement la forme, l'origine de ce qui s'exprime ?

L'oreille entend le son, l'œil voit la forme ; mais l'audition et la vision sont des activités particulières de la force vitale en nous employée par le mental afin de se mettre en communication avec le monde dans lequel l'être mental demeure, afin de l'interpréter dans les formes des sens. La force vitale les façonne, le mental les emploie, mais quelque chose d'autre que la force vitale et le mental les rend capables de façonner et d'employer leurs objets et leurs instruments. Quel Dieu assigne leurs fonctions à l'œil et à l'oreille ? Ce n'est pas Sûrya, le Dieu de lumière, ni l'Éther et ses espaces ; car ce ne sont là que des conditions de la vision et de l'audition.

Les Dieux, chacun apportant sa contribution, combinent les activités du monde physique que nous observons, comme du monde mental qui est notre moyen d'observation ; mais l'action universelle dans sa totalité est une, elle n'est pas une somme d'atomes résultant du hasard ; elle est une, ordonnée en ses parties, combinée en ses fonctionnements multiples en vertu d'une existence consciente unique qui ne saurait être construite ni produite par combinaison (*akrita*), mais qui *est*, antérieurement à toutes ces activités. Les Dieux n'agissent que par cette puissance antérieure à eux, ne vivent que par sa vie, ne pensent que par sa pensée, n'agissent que pour ses desseins. Nous regardons en nous et en toutes choses, et nous devenons conscients qu'elle est là, un « Je », un « est », un Moi, qui est autre, plus stable, plus vaste qu'aucun être séparé ou individuel.

Mais puisque ce n'est rien dont le mental puisse faire son objet, ni à quoi les sens puissent donner forme pour le mental, qu'est-ce donc ? ou qui ? Quel Esprit absolu ? Quel Divin un, suprême et éternel ? *Ko devah ?*

III

L'éternelle question est maintenant posée, qui tourne les yeux de l'homme, loin du visible et de l'extérieur, vers ce qui est entièrement intérieur, loin du connu restreint qu'il est déjà devenu vers le vaste inconnu en lequel il doit encore croître et qu'il doit être parce que c'est sa Réalité, parce que, de toute la mascarade du phénomène et du devenir, l'Être Réel devra enfin se libérer. Une fois soumise à ces impérieuses directives, l'âme humaine ne peut plus se contenter de tendre son regard vers des choses mortelles, vers des apparences, à travers ces portes du mental et des sens que l'Être existant en soi a fait s'ouvrir vers l'extérieur sur un monde de formes ; elle est poussée à tourner sa contemplation vers l'intérieur dans un nouveau monde de réalités.

Ici, dans ce monde qu'il connaît, l'homme possède quelque chose à quoi il attache de la valeur, pour imparfait et incertain que ce soit. Car il vise à obtenir, et dans une certaine mesure il obtient, un élargissement de l'être, un accroissement de connaissance, de plus en plus de joie et de satisfaction, et ces choses lui sont si précieuses qu'il est prêt à payer ce qu'il en peut obtenir par la souffrance continuelle venant du choc de leurs contraires. Si donc il doit abandonner ce qu'en ce monde il poursuit et étreint, il faut qu'une attraction beaucoup plus puissante le tire vers l'Au-delà, une offre secrète de quelque chose d'assez grand pour le récompenser pleinement de toute la renonciation qui peut être ici-bas exigée de lui. Cela lui est offert : non pas un devenir élargi, mais l'être infini ; non pas des lambeaux de connaissance toujours relative considérés à tort, sur le moment, comme la connaissance entière, mais la possession de la conscience essentielle et le flot de ses réalités lumineuses ; non point des satisfactions partielles, mais *le* délice. En un mot, l'Immortalité.

Les termes de l'Upanishad indiquent avec une clarté saisissante que ce qui est offert à l'âme qui aspire, ce n'est pas une abstraction métaphysique, un silence vide, un Absolu indéterminé, mais plutôt l'absolu de tout ce qu'elle possède ici dans le monde relatif où elle séjourne. Tout ici dans le mental est lumière, conscience et vie croissantes ; là, dans le supramental, tout est vie, lumière et conscience infinies. Ce dont ici nous avons l'ombre, là se révèle ; ce qui est incomplet ici, là trouve sa plénitude. L'Au-delà n'est pas une annihilation, mais une transfiguration de tout ce que nous sommes ici dans notre monde de formes ; c'est le Mental souverain de ce mental, la Vie secrète de cette vie, le Sens absolu qui soutient et justifie nos sens limités.

Nous nous renonçons afin de nous trouver ; car dans la vie mentale il y a seulement la recherche, mais jamais l'ultime découverte – jusqu'à ce que le mental soit dépassé. Aussi y a-t-il derrière toute notre mentalité une perfection de nous-mêmes qui nous apparaît comme en opposition, en contraste avec ce que nous sommes. Car ici nous sommes un devenir constant ; là, nous possédons notre être éternel. Ici nous nous concevons comme une conscience changeante développée et toujours se développant dans le cours du temps par un effort entravé ; là nous sommes une conscience immuable dont le temps est, non pas le maître, mais l'instrument aussi bien que le champ de tout ce qu'il crée et observe. Ici nous vivons dans une organisation de conscience mortelle qui prend la forme d'un monde éphémère ; là, libérés, nous entrons dans les harmonies d'une infinie vision de soi qui connaît le monde tout entier dans la lumière de l'éternel, de l'immortel. L'Au-delà est notre réalité ; c'est notre plénitude ; c'est la satisfaction absolue de notre existence en soi. C'est l'immortalité et c'est « Ce Délice ».

Ici, dans notre mentalité captive, l'ego a beau s'efforcer d'être maître et possesseur de son champ intérieur et de son milieu extérieur, il est incapable de rien saisir afin d'en jouir, parce qu'il n'est pas possible, en réalité, de posséder ce qui, pour nous, est non-soi. Mais là, dans la liberté de l'éternel, notre existence en soi possède sans lutte, pour la raison suffisante que toutes choses sont elle-même. Ici est l'homme apparent, là l'homme réel, le *purusha ;* ici les dieux, là le Divin ; ici un essai d'existence, une floraison de vie sortant d'une mort dévorante, là l'Existence même et une immortalité sans âge.

La réponse ainsi donnée est contenue dans la forme même de la question originelle. La Vérité qui est derrière le Mental, la Vie, les Sens, doit être cela même qui maîtrise en surpassant ; c'est le Seigneur, le Déva qui possède tout. C'est la conclusion à laquelle arrivait l'Ishâ Upanishad par la synthèse de toutes les existences ; la Kena y arrive par l'antithèse entre une existence en soi unique et maîtresse et tout ceci qui existe sous des formes diverses de par une puissance d'être autre que la sienne propre. Chacune suit sa propre méthode pour résoudre toutes choses dans l'unique Réalité, mais la conclusion est identique. C'est Cela qui possède tout, Cela qui jouit de tout ce qu'on atteint par la renonciation à l'être séparé, à la possession séparée, au délice séparé.

Mais l'Ishâ s'adresse au chercheur déjà éveillé ; c'est pourquoi elle commence par le Seigneur qui demeure en tout, passe au Moi qui devient tout, puis retourne au Seigneur considéré comme le Moi du mouvement cosmique, parce qu'elle entend justifier les œuvres pour le chercheur du Non-créé et instituer une vie divine fondée sur la joie de l'immortalité et sur la conscience unifiée de l'individuel fait un avec l'universel. La Kena s'adresse à l'âme encore attirée par la vie extérieure, non encore complètement éveillée ni complètement adonnée à la recherche ; c'est pourquoi elle commence par le Brahman comme Moi par-delà le Mental, puis en vient au Brahman comme Seigneur caché de toutes nos activités mentales et vitales, parce qu'elle entend diriger cette âme en une ascension par-delà son existence apparente et extérieure. Cependant les deux premiers chapitres de la Kena ne font qu'exposer moins largement, de cet autre point de vue, la doctrine du Moi et de ses devenirs exposée par l'Ishâ ; les deux derniers répètent, avec une autre démarche de pensée, la doctrine exposée par l'Ishâ du Seigneur et de Son mouvement.

IV

L'Upanishad affirme d'abord l'existence de cette conscience plus profonde, plus vaste, plus puissante qui est derrière notre être mental. Cela, affirme-t-elle, c'est le Brahman. Le Mental, la Vie, les Sens, la Parole ne sont pas absolument le Brahman ; ils ne sont que modes inférieurs et instruments extérieurs. La conscience du Brahman est notre moi réel et notre véritable existence.

Le mental et le corps ne sont pas notre moi réel ; ils sont des formations, des images muables que nous allons construisant dans le cours du temps comme résultat de la masse de nos énergies passées. Car, bien que ces énergies nous semblent mortes, ensevelies dans le passé parce que leur histoire est antérieure à nous, elles sont pourtant encore existantes en leur masse et toujours actives dans le présent et l'avenir.

Ce n'est pas non plus la fonction-ego qui est notre moi réel. L'ego est seulement une faculté préposée par le mental discriminateur pour centraliser autour de lui les expériences du mental-sens et jouer le rôle, dans la roue, d'une sorte de clavette au bout de l'essieu, qui maintient la cohésion du mouvement. Il n'est rien d'autre qu'un instrument – bien que, il est vrai, tant que nous sommes limités à une mentalité normale, nous soyons contraints, par la nature de cette mentalité et le dessein même de l'instrument, de prendre à tort notre fonction-ego pour notre moi véritable.

Ce n'est pas non plus la mémoire qui constitue notre vrai moi. La mémoire est aussi un instrument, un instrument sélectif servant à l'agencement pratique de nos activités conscientes. La fonction-ego l'emploie comme appui, comme support afin de préserver le sens de la continuité sans lequel nos activités mentales et vitales ne pourraient être organisées pour une ample jouissance de l'être individuel. Mais notre moi mental lui-même comprend une multitude de choses – dont il reçoit une influence – qui ne sont pas présentes à notre mémoire, qui sont subconscientes et que notre existence de surface peut même à peine saisir. La mémoire est essentielle à la continuité du sens de l'ego, mais elle ne constitue pas le sens de l'ego ; encore moins l'être.

Ce n'est pas non plus la personnalité morale qui est notre moi réel. Elle est seulement une formation changeante, un moule malléable construit et employé par notre vie subjective afin de donner quelque apparence de fixité au devenir constamment muable que, par nos limitations mentales, nous succombons à la tentation d'appeler nous-même.

Ce n'est pas non plus l'ensemble de ce devenir conscient muable, même enrichi de toute sa base subconsciente, qui est notre moi réel. Ce que nous devenons est une masse fluide de vie, un fleuve d'expérience coulant à flots au long du temps, une vague de la Nature dont notre mentalité chevauche la crête. Ce que nous sommes est l'essence éternelle de cette vie, la conscience immuable qui porte l'expérience, la substance immortelle de la Nature et de la mentalité.

Car, derrière tout ce que nous devenons et éprouvons, et le dominant, il y a quelque chose qui donne naissance, emploie, détermine, jouit, et cependant n'est pas changé pour avoir donné naissance, pas affecté par ses instruments, pas déterminé par ce qu'il détermine, pas modifié par ses jouissances. Ce que c'est, nous ne pouvons le savoir à moins de regarder derrière le voile de notre être mental qui connaît seulement ce qui est affecté, ce qui est déterminé, ce qui est modifié, ce qui est changé. Le mental peut en prendre conscience seulement comme de quelque chose que nous sommes sans pouvoir le définir, non comme de quelque chose qu'il connaît et peut définir. Car, dès que notre mental essaie de fixer ce quelque chose, il se perd dans le flux et le mouvement, il saisit des parties, des fonctions, des fictions, des apparences qu'il emploie comme planches de salut dans la confusion, ou bien il essaie de découper dans l'infini une forme et de dire : « Cela, c'est moi. » Comme il est dit dans le Véda : « Quand le mental approche Cela et l'étudie, Cela s'évanouit. »

Mais derrière le mental est cette autre conscience, conscience du Brahman, Mental de notre mental, Sens de nos sens, Verbe de nos paroles, Vie de notre vie. Y parvenant, nous parvenons au Moi ; nous pouvons alors abandonner le mental, l'image, pour entrer dans le Brahman, la Réalité.

Mais qu'est-ce qui différencie ce moi réel de ce moi apparent ? Ou – puisque nous ne pouvons rien dire de plus, comme définition, que ce que nous avons dit déjà, puisque nous pouvons seulement indiquer que « Cela » n'est pas ce qu'est « ceci », que « Cela » est l'absolu, inexprimable par le mental, de tout ce qui est ici – quel est le rapport de ce phénomène-ci avec cette réalité-là ? Car c'est de la question de ce rapport que l'Upanishad fait son point de départ ; sa première question implique qu'un rapport existe et que la réalité engendre et gouverne le phénomène.

Évidemment, Brahman n'est pas une chose qui dépende de notre mental, de nos sens, de notre parole ou de notre force vitale ; ce n'est pas un objet vu, entendu, exprimé, perçu par les sens, formé par la pensée, ni aucun de ces états de corps ou de mental que nous devenons dans le mouvement changeant de la vie. Mais la pensée de l'Upanishad cherche à éveiller de nos abîmes des échos plus profonds que cette négation évidente du rôle d'objet [que jouerait] le Brahman pour le mental et les sens. Elle affirme que non seulement le Brahman n'est pas un objet du mental, ni une formation de vie, mais encore que l'exercice de sa souveraineté et de son activité ne dépend même pas de notre mental, de notre vie et de nos sens. Il est ce qui ne pense pas par le mental, ne vit pas par la vie, ne perçoit pas par les sens, ne trouve pas expression par la parole, mais qui plutôt fait de ces choses mêmes l'objet de sa conscience supérieure qui embrasse tout et connaît tout.

Brahman pense le mental et le fait apparaître par le moyen de ce qui est au-delà du mental ; il voit la vision et entend l'audition par cette vision, cette audition absolues qui lui sont, non pas phénoménales et instrumentales, mais directes et inhérentes ; il forme, de son Verbe qui crée, notre langage qui exprime ; il tire cette vie brève à laquelle nous nous cramponnons, de cet éternel mouvement de son énergie qui n'est pas découpée en formes, mais a toujours la liberté de sa propre inépuisable infinitude.

C'est ainsi que l'Upanishad commence sa réponse à sa propre question. Elle décrit d'abord le Brahman comme Mental du mental, Vue de la vue, Ouïe de l'ouïe, Verbe de la parole, Vie de la vie. Puis elle reprend chacune de ces expressions et les projette successivement dans une forme plus large afin de suggérer une idée plus précise et plus ample de leur sens, autant qu'on peut le faire avec des mots. À l'expression « Mental du mental » correspond la formule élargie « Ce qui ne pense pas par le mental et par quoi le mental est pensé » ; et ainsi de suite avec chacune des expressions descriptives originelles jusqu'à la définition finale de la Vie qui est derrière cette vie : « Cela qui ne respire pas par le souffle de vie, et par quoi la force de vie est projetée en son mouvement. »

Et chacun de ces vers de doctrine est souligné par l'admonition réitérée : « C'est ce Brahman qu'il te faut chercher à connaître, et non pas ceci que les hommes recherchent ici-bas. » Ni le Mental, ni la Vie, ni les Sens, ni la Parole, ni leurs objets et expressions ne sont la Réalité que nous devons connaître et poursuivre. La vraie connaissance est de Cela qui forme pour nous ces instruments, mais qui est Soi-même indépendant de leur utilisation. La vraie possession, la vraie jouissance est de ce qui, tout en créant ces objets de notre recherche, ne fait de rien l'objet de sa poursuite et de sa passion, mais est éternellement satisfait de toutes choses dans la joie de son être immortel.

V

L'Upanishad, renversant l'ordre accoutumé de notre pensée logique qui mettrait le Mental et les Sens, ou la Vie, d'abord, et la Parole à la fin comme fonction subordonnée, commence sa description négative du Brahman par une explication de la saisissante formule « Verbe de notre parole ». Et il est visible que cette formule signifie : Parole au-delà de la nôtre, expression absolue de laquelle le langage humain n'est qu'une ombre et comme une artificielle contrefaçon. Quelle est l'idée qui sert de base à cette formule de l'Upanishad, à cette préséance donnée à la faculté de parler ?

Constamment, en étudiant les Upanishads, il nous faut nous dépouiller de certaines notions modernes et réaliser l'emploi des mots dans le plus ancien Védânta. Il nous faut nous rappeler que, dans le système védique, la Parole était la Créatrice ; par le Verbe, Brahman crée les formes de l'univers. De plus, la parole humaine la plus haute ne fait que tenter de recouvrer, par la révélation et l'inspiration, une expression absolue de la Vérité qui déjà existe dans l'Infini au-dessus de notre compréhension mentale. Il s'ensuit donc que ce Verbe doit être au-dessus de notre pouvoir de construction mentale.

Toute création est expression par le Verbe ; mais la forme qui est exprimée n'est qu'un symbole ou représentation de la chose qui est. Nous le voyons dans la parole humaine qui ne présente au mental qu'une forme mentale de l'objet ; mais l'objet qu'elle cherche à exprimer n'est lui-même qu'une forme ou représentation d'une autre Réalité. Cette Réalité est Brahman. Le Brahman exprime par le Verbe une forme ou représentation de Soi-même dans les objets des sens et de la conscience qui constituent l'univers, exactement comme le mot humain exprime une image mentale de ces objets. Ce Verbe est créateur en un sens plus profond et plus originel que la parole humaine, et avec une puissance dont la plus haute créativité de la parole humaine ne peut donner qu'une analogie faible et lointaine.

Le mot employé ici pour désigner l'émission de la parole signifie littéralement « élévation pour mettre en face » du mental. Brahman, dit l'Upanishad, est ce qui ne peut pas être ainsi élevé devant le mental par la parole.

La parole humaine, comme on le voit, élève seulement la représentation d'une représentation, la figuration mentale d'un objet qui est lui-même seulement une figuration de l'unique Réalité, Brahman. Elle a bien un pouvoir de création nouvelle, mais ce pouvoir même ne s'étend qu'à la création d'images mentales nouvelles, c'est-à-dire de formations complémentaires basées sur des images mentales antérieures. Un pouvoir aussi limité ne donne aucune idée de la puissance créatrice originelle que les anciens penseurs attribuaient au Verbe divin.

Si cependant nous pénétrons un peu plus profondément sous la surface, nous atteindrons à une puissance dans la parole humaine qui, elle, nous donne une image lointaine du Verbe créateur originel. Nous savons qu'une vibration sonore a le pouvoir de créer – et de détruire – des formes ; c'est un lieu commun de la science moderne. Supposons donc qu'à l'arrière-plan de toutes ces formes il y ait une vibration créatrice sonore.

Et maintenant examinons le rapport entre la parole humaine et le son en général. Nous voyons aussitôt que la parole n'est qu'une application particulière du principe du son, une vibration produite par la pression du souffle en son passage à travers la gorge et la bouche. Au début, sans aucun doute, elle a dû être formée naturellement et spontanément pour exprimer les émotions créées par un objet, par un événement ; ce n'est qu'ensuite que le mental s'en est emparé pour exprimer, d'abord l'idée de l'objet, puis des idées sur l'objet. Il semblerait donc que la valeur de la parole fût seulement représentative et non créatrice.

Or, de fait, la parole est créatrice. Elle crée des formes d'émotion, des images mentales, des impulsions d'action. La théorie et la pratique védiques anciennes accroissaient cette action créatrice de la parole par l'emploi du *mantra*. La théorie du *mantra* est que c'est un mot de puissance né des profondeurs secrètes de notre être, où il a été couvé par une conscience plus profonde que la conscience mentale, formé dans le cœur et non point par l'intellect, tenu dans le mental, puis objet de la concentration de la conscience mentale éveillée, et enfin projeté au-dehors silencieusement ou par la voix – le mot silencieux considéré comme plus puissant peut-être que le mot parlé – précisément pour un but de création. Le *mantra* peut non seulement créer en nous-même de nouveaux états subjectifs, modifier notre être psychique, révéler une connaissance et des facultés que nous ne possédions pas auparavant, il peut non seulement produire des résultats semblables dans d'autres esprits que celui de qui le prononce, mais encore il peut produire dans l'atmosphère vitale et mentale des vibrations qui ont pour résultats des effets, des actions et même l'apparition de formes matérielles sur le plan physique.

De fait, même ordinairement, même chaque jour, à chaque heure, nous produisons, par la parole en nous, des vibrations-pensées, des formes-pensées qui ont pour résultats des vibrations correspondantes vitales et physiques, agissent sur nous, agissent sur autrui, et finissent par créer indirectement des actions et des formes dans le monde physique. L'homme agit constamment sur l'homme à la fois par le mot silencieux et par le mot parlé, et il agit et crée de la même façon, quoique moins directement et moins puissamment, même dans le reste de la Nature. Mais, parce que nous sommes stupidement absorbés par les formes extérieures et les phénomènes du monde et que nous ne prenons pas la peine d'examiner ses processus subtils et non physiques, nous demeurons ignorants de tout ce champ de science qui est derrière le voile.

L'emploi védique du *mantra* n'est qu'une utilisation consciente de cette puissance secrète du Verbe. Et si nous considérons la théorie qui en est la base en même temps que notre hypothèse antérieure d'une vibration de son créatrice derrière toute formation, nous commencerons à comprendre l'idée des vibrations de son originelles productrices de formes correspondantes ou de changements de formes. Mais, selon la pensée antique, la matière n'est que le plus bas des plans d'existence. Comprenons alors qu'une vibration de son sur le plan matériel présuppose, sur le plan vital, une vibration correspondante sans laquelle elle n'aurait pu entrer en jeu ; celle-là présuppose à son tour une vibration causale correspondante sur le plan mental ; le mental présuppose une vibration causale correspondante dans le supramental à la racine même des choses. Mais une vibration mentale implique la pensée et la perception, et une vibration supramentale implique une vision et un discernement suprêmes. Toute vibration de son sur ce plan supérieur comporte donc ce suprême discernement d'une vérité dans les choses, et en est aussi l'expression ; elle est en même temps créatrice, et comporte une suprême puissance qui coule en des formes la vérité discernée ; et enfin, descendant de plan en plan, elle reproduit cette vérité dans la forme physique ou l'objet créé dans la matière par le son éthérique. Nous voyons ainsi que la théorie de la création par le Verbe qui est l'expression absolue de la Vérité, et la théorie de la création matérielle par la vibration de son dans l'éther se correspondent et sont deux pôles logiques de la même idée. Elles appartiennent toutes deux au même ancien système védique.

Voici donc le Verbe suprême, Parole de notre parole. C'est la vibration de pure Existence, chargée de la puissance de perception et de création de la conscience infinie et ommipotente, recevant du Mental qui est derrière le mental sa forme de mot inévitable de la Vérité des choses ; de toute substance et sur tout plan, la forme ou expression physique émerge de par son mécanisme créateur. Le Supramental employant le Verbe est le Logos créateur.

Le Verbe a ses sons-semences – suggérant la syllabe éternelle du Véda, AUM, et les sons-semences des tantristes – qui portent en eux les principes des choses ; il a ses formes qui sont à l'arrière-plan de la parole révélatrice et inspirée qui vient aux suprêmes facultés de l'homme, et ces formes déterminent les formes des choses dans l'univers : il a ses rythmes – car il n'est point une vibration désordonnée, mais se déroule et se fond en de grandes mesures cosmiques – et selon le rythme sont déterminés la loi, l'arrangement, l'harmonie, les processus du monde qu'il construit. La vie elle-même est un rythme de Dieu.

Mais qu'est-ce donc dans le monde qui est exprimé ou élevé devant la conscience par le Verbe ? Ce n'est pas le Brahman, mais des formes et des phénomènes du Brahman. Brahman n'est pas exprimé, ne peut être exprimé par le Verbe ; il n'emploie pas le Verbe pour s'exprimer Lui-même, mais il est connu à sa propre conscience de soi, et même les vérités de Lui-même qui sont derrière les formes des choses cosmiques s'expriment toujours d'elles-mêmes à son éternelle vision. La parole crée, exprime, mais elle n'est elle-même qu'une création et une expression. Brahman n'est pas exprimé par la parole, mais la parole est elle-même exprimée par Brahman.

Aussi ne sont-ce pas les événements et les phénomènes du monde qu'il nous faut adopter finalement comme objet de notre recherche, mais Cela qui développe de Soi-même le Verbe par la conscience pour que notre Volonté en fasse l'objet de sa recherche. En d'autres termes, l'Existence suprême qui est à l'origine de tout.

La parole humaine n'est qu'une expression seconde, et, à son plus haut degré, une ombre du Verbe divin et des sons-semences, des rythmes harmonieux, des formes de son révélatrices qui sont les mots omniscients et omnipotents de l'Éternel Penseur, Harmoniseur, Créateur. La parole la plus hautement inspirée à laquelle puisse atteindre le mental humain, le mot le plus inanalysablement expressif de la vérité suprême, la syllabe la plus puissante, le *mantra* le plus puissant, ne peuvent en être que la lointaine représentation.

VI

De même que l'Upanishad affirme derrière cette parole un Verbe qui est l'aspect expressif de la Conscience de Brahman, de même elle affirme, derrière ce mental, un Mental qui est son aspect cognitif. Et comme nous nous sommes demandé quelle pouvait être la base rationnelle de la théorie du Verbe divin supérieur à notre parole, de même il nous faut maintenant nous demander quelle peut être la base rationnelle de cette théorie d'une faculté ou principe cognitif supérieur au mental. Nous pouvons dire, certes, que si nous admettons un Verbe divin créateur de toutes choses, nous devons aussi admettre un Mental divin connaissant le Verbe et tout ce qu'il exprime. Mais ce n'est pas une base suffisante ; car la théorie du Verbe divin ne se présente, sur le plan rationnel, que comme une possibilité. Une cognition supérieure au mental se présente au contraire comme une nécessité qui vient de la nature même du mental même, une nécessité à laquelle nous ne pouvons logiquement échapper.

Dans le système antique qui admettait la survivance de l'âme au corps, l'homme était le Mental et la formule était entendue en un sens très profond et radical. Ce n'est pas seulement parce que l'être humain est sur terre le seul animal capable de raisonner, la race pensante ; c'est qu'il est essentiellement l'être mental dans un corps terrestre, le *manu*. Quoi qu'il en soit de l'existence d'une âme ou d'un moi un en toutes les créatures, le corps n'est pas même le moi phénoménal de l'homme ; la vie physique non plus n'est pas l'homme ; corps et vie physique peuvent être dissous tous deux, l'homme persiste. Mais si l'être mental aussi est dissous, l'homme en tant qu'homme cesse d'être ; car l'être mental est son centre et le nœud de son organisme.

Au contraire, selon la théorie d'une évolution matérielle que soutient la science moderne, l'homme n'est que la matière qui a fait apparaître le mental par une sensibilité croissante aux excitations provenant du milieu ; et la matière étant la base de l'existence, il n'y a rien, hors les éléments physiques, qui puisse survivre à la dissolution du corps. Mais cette formule est tout au plus l'envers et l'aspect inférieur d'une vérité bien plus vaste. La matière ne pourrait faire apparaître le mental si, dans ou derrière la force qui fait naître les formes physiques, il n'y avait déjà un principe de mental s'efforçant de se manifester. La volonté d'éclairer et de gouverner consciemment la vie et la forme doit avoir été déjà présente dans ce qui nous semble être inconscient avant l'apparition du mental. S'il n'y avait pas dans la Matière cette nécessité du Mental, si la substance même de la mentalité n'était là déjà et aussi la volonté de « mentaliser », le Mental en effet n'aurait certainement pas pu se développer.

Mais, dans les éléments seulement chimiques qui participent à la constitution des formes matérielles, ou dans l'électricité, ou dans tout autre facteur purement physique, quelle que soit la volonté ou la sensibilité inconsciente dont ils puissent être possédés ou qu'ils puissent posséder, nous ne pouvons rien découvrir qui puisse expliquer l'émergence de la sensation consciente, qui puisse constituer une volonté de développer la pensée ou qui puisse imposer à la matière inconsciente physique la nécessité d'une telle évolution. Ce n'est donc point dans la forme de la Matière elle-même, mais dans la Force qui est à l'œuvre dans la Matière, qu'il nous faut chercher l'origine du Mental. Cette Force doit, ou bien être elle-même consciente, ou bien contenir la graine de conscience mentale inhérente à son être, et par conséquent la potentialité et en fait la nécessité de son émergence. Cette conscience prisonnière, quoique originellement absorbée dans la création des formes d'abord, puis des rapports et réactions physiques entre les formes physiques, doit cependant avoir contenu en elle – longtemps retenue et réprimée certes, mais existant dès le commencement – une volonté de parvenir à l'illumination ultime de ces rapports par la création de valeurs conscientes ou mentales correspondantes. Le Mental est donc une nécessité cachée que le subsconscient contient en lui depuis le commencement des choses ; c'est ce qui doit émerger dès que les attractions et répulsions de la Matière commencent à être fixées ; c'est le secret réprimé et la cause des réactions de vie dans le métal, la plante et l'animal.

Si au contraire nous disons que le Mental sous cette forme secrète et réprimée n'existe pas déjà dans la Matière, il nous faut alors supposer qu'il existe hors de la Matière et embrasse la Matière ou entre en elle. Il nous faut supposer un plan mental d'existence qui fait pression sur le plan physique et tend à le posséder. En ce cas, l'être mental serait en son origine une entité formée en dehors du monde matériel ; mais il prépare en ce monde des corps qui deviennent progressivement de plus en plus capables de loger et d'exprimer le Mental. Nous pouvons l'imaginer formant, pénétrant et possédant le corps, faisant irruption en lui, si l'on peut dire – comme le *purusha* dont l'Aitareya Upanishad dit qu'il forme le corps, puis entre en lui en brisant une porte dans la Matière. Selon cette conception, l'homme serait un être mental incarné dans le corps vivant et qui, à sa dissolution, l'abandonne en conservant la pleine possession de sa mentalité.

Les deux théories sont loin d'être incompatibles ; on peut les considérer comme les éléments complémentaires formant une seule vérité. L'involution du Mental, son existence latente dans la Force matérielle de l'univers physique et dans tous ses mouvements n'exclut pas en effet l'existence d'un monde mental au-delà et au-dessus du domaine du principe physique. De fait, l'émergence de ce mental latent pourrait bien être causée, et serait certainement hâtée, par l'aide et la pression de forces venues d'un royaume supraphysique, d'un plan mental d'existence.

Il y a toujours deux conceptions possibles de l'univers. L'une suppose, avec la science moderne, que la Matière est le commencement des choses, et elle étudie tout comme étant une évolution à partir de la Matière, ou du moins, si l'on n'admet pas la Matière (comme dans le cas de la philosophie sâmkhienne), à partir d'une Force active, indéterminée et inconsciente, ou *Prakriti*, de laquelle le mental et la raison mêmes sont des manifestations agissantes – tandis que l'âme consciente, si elle existe, est une entité toute différente et, quoique consciente, inactive. L'autre conception suppose que l'âme consciente, le *Purusha*, constitue la matière aussi bien que la cause de l'univers, et que *Prakriti* est seulement sa *Shakti* ou Force de son être conscient qui opère sur elle-même en tant que matière dont sont créées les formes[1]. Cette dernière conception est celle des Upanishads. Assurément, si nous étudions seulement le monde matériel, en rejetant comme rêve ou hallucination toute preuve de l'existence d'autres plans, si nous écartons également toute preuve de l'existence dans le mental d'opérations qui outrepassent les limites matérielles, et que nous étudions seulement la formule habituelle des rapports du Mental avec la Matière, il nous faut nécessairement accepter la

1. Cf. par exemple, l'Aitareya Upanishad qui nous montre l'*Atman* ou Moi employant le *Purusha* comme ce en quoi se forment toutes les opérations de la Nature.

théorie selon laquelle la Matière est l'origine et aussi la base et la *terra firma* indispensables. Sinon, nous serons irrésistiblement conduits vers les conclusions du Védânta le plus ancien.

Quoi qu'il en soit, même dans l'hypothèse du seul monde matériel, l'Homme, dans la substance de son humanité, est un mental occupant le corps et employant la vie de ce corps – un mental qui est plus grand que la Matière où il a émergé. Il est l'expression la plus haute de la Volonté dans l'univers matériel : la Force qui a érigé les mondes – dans la mesure où nous sommes capables de juger de son intention d'après ses opérations effectives telles que nous les voyons sur terre en leur actuelle formule – arrive en lui à la chose même qu'elle cherchait à exprimer. Elle a fait apparaître le principe caché du Mental qui maintenant agit consciemment et intelligemment sur la vie et le corps. Dès le commencement même de ses œuvres, la Nature comportait en soi une secrète nécessité, et l'homme en est l'accomplissement ; il est sur cette planète le plus haut *nomen* ou *numen* qui puisse exister ; il est le divin terrestre réalisé.

Mais tout ceci est vrai seulement si nous admettons que, pour les activités terrestres de la Nature, le Mental est l'ultime formule. En réalité, si nous étudions plus profondément les phénomènes de la conscience, le fait de la mentalité, la tendance, l'aspiration et la nécessité secrète de la nature propre de l'homme, nous voyons que l'homme ne peut être le terme le plus haut. Il est le plus haut qui soit réalisé ici et en notre temps ;

il n'est pas le plus haut qui soit réalisable. Tout comme il y a quelque chose au-dessous de lui, il y a aussi quelque chose, ne serait-ce qu'une possibilité, au-dessus de lui. Tout comme la Nature physique recélait un secret la dépassant elle-même qu'elle a libéré en créant l'homme, lui aussi recèle un secret le dépassant lui-même qu'il doit à son tour libérer à la lumière. Telle est sa destinée.

Il faut nécessairement qu'il en soit ainsi parce que le Mental non plus n'est pas le premier principe des choses et par conséquent ne peut être leur dernière possibilité. Comme la Matière contenait en soi la Vie, la contenait comme sa propre nécessité secrète et devait en accoucher, et comme la Vie contenait en soi le Mental, le contenait comme sa propre nécessité secrète et devait accoucher de ce qu'elle portait, le Mental aussi contient en soi quelque chose qui le dépasse, le contient comme sa propre nécessité secrète et s'efforce, lui aussi, d'être délivré de cet enfantement suprême.

Quelle est la nécessité rationnelle qui nous interdit de supposer que le Mental soit le dernier enfantement de la Nature, et nous force à postuler quelque chose au-delà de lui et dont il est lui-même l'indication ? Un examen de la nature et du jeu de la mentalité nous fournit la réponse. La mentalité, en effet, est composée de trois éléments principaux : pensée, volonté, sensation. On peut décrire la sensation comme une tentative de la conscience séparée pour s'emparer de son objet et en jouir, la pensée comme sa tentative pour s'emparer de la vérité de l'objet et le posséder, la volonté comme sa tentative pour s'emparer de la potentialité de l'objet et l'employer. Du moins ces trois choses sont-elles cette tentative dans leur essence, dans leur instinct, dans leur dessein subconscient. Mais il est évident que la tentative est imparfaite en ses conditions et en sa réussite ; ses termes mêmes indiquent une barrière, un gouffre, une incapacité. De même que la Vie est limitée et entravée par les conditions de sa synthèse avec la Matière, de même le Mental est limité et entravé par les conditions de sa synthèse avec la Vie dans la Matière. Ni la Matière, ni la Vie n'ont rien trouvé dans leur propre formule qui pût les aider à outrepasser ou à repousser suffisamment leurs limitations. Chacune d'elles a dû introduire un nouveau principe, la Matière appelant en soi la Vie, la Vie appelant en soi le Mental. Le Mental non plus n'est capable de rien trouver dans sa propre formule qui puisse outrepasser ou repousser suffisamment les limitations imposées à son jeu ; le Mental aussi doit introduire un nouveau principe extérieur à lui, plus libre que lui et plus puissant.

En d'autres termes, le Mental n'épuise pas les possibilités de la conscience et ne peut donc être sa dernière et sa plus haute expression. Le Mental essaie d'arriver à la Vérité et parvient seulement à la toucher imparfaitement à travers un voile ; il doit y avoir dans la nature des choses une faculté ou principe qui voit la Vérité sans voile, une faculté éternelle de connaissance qui correspond au fait éternel de la Vérité. Un tel principe, dit le Véda, existe ; c'est la Conscience-de-Vérité qui voit directement la vérité, qui est spontanément en possession de la Vérité. Le Mental s'efforce d'accomplir en lui la volonté à l'œuvre, et ne réussit qu'à accomplir partiellement, avec difficulté et incertitude, la potentialité à laquelle il s'applique ; il doit y avoir une faculté ou principe de force effective consciente qui correspond dans la nature au principe automatique inconscient d'accomplissement de soi, et ce principe doit être cherché dans la forme de conscience qui dépasse le Mental. Le Mental, en somme, aspire à saisir la qualité essentielle productrice de joie, le *rasa* des choses, et à en jouir, mais il ne réussit qu'à y atteindre indirectement, le tenant d'une prise imparfaite, n'ayant de lui qu'une jouissance extérieure et fragmentaire ; il doit y avoir un principe qui peut atteindre directement, saisir justement, jouir intimement et sûrement. Il y a, dit le Véda, une Conscience-de-Félicité éternelle qui correspond à l'éternel *rasa* (ou qualité essentielle productrice de joie) de toute expérience et qui n'est pas limitée par les approximations incertaines des sens dans le Mental.

Si donc il existe un tel principe de conscience, plus profond, ce doit être lui, et non pas le mental, qui est l'intention originelle et fondamentale cachée dans la Nature et qui doit un jour, quelque part, émerger. Mais y a-t-il quelque raison de supposer qu'il doive émerger ici et dans le Mental, comme le Mental a émergé dans la Vie et la Vie dans la Matière ? Nous répondons affirmativement parce que le Mental a en lui, si obscurément que ce soit, cette tendance, cette aspiration et, tout au fond, cette nécessité. Il y a une loi unique, du plus bas au plus haut. La Matière, si nous l'examinons de près, se montre imprégnée de la substance même de la Vie – vibrations, actions et réactions, attractions et répulsions, contractions et expansions, tendances à se combiner, à se former et à croître, qui sont la substance même de la vie ; mais le principe visible de vie ne peut émerger que lorsque ont été préparées les conditions matérielles nécessaires qui lui permettront de s'organiser dans la Matière. De même la Vie est imprégnée de la substance même du Mental, elle est riche d'une sensibilité, d'une volonté, d'une intelligence inconscientes[1], mais le principe visible du Mental ne peut émerger que lorsque ont été préparées les conditions vitales nécessaires qui lui permettront de s'organiser dans la Matière vivante. Le Mental aussi est imprégné de la substance même du Supramental – sympathies, unités, intuitions, émergence de connaissance préexistante, auto-efficiences inhérentes à la volonté et déguisées sous une forme mentale ; mais le principe visible du supramental ne peut émerger que lorsque sont préparées les conditions mentales nécessaires qui lui permettront de s'organiser en l'homme, la créature mentale vivante.

Cette préparation nécessaire procède dans le développement humain comme les préparations correspondantes se sont développées dans les

---

1. J'emploie la terminologie du matérialiste Haeckel malgré sa forme paradoxale.

stades inférieurs de l'évolution – avec les mêmes gradations, les mêmes retards, les mêmes inégalités – mais plus éclairée pourtant, de plus en plus consciente de soi, de plus en plus consciemment sûre. Et le fait même que ce progrès est accompagné de moins de soin dans les détails, de moins de crainte d'erreur, d'un attachement moins conservateur à l'étape atteinte, nous donne l'espoir et presque l'assurance que, lorsque émergera le nouveau principe, ce sera, non pas par la création d'un type nouveau et entièrement différent qui laisserait le reste de l'humanité, par rapport à lui, dans la position où sont les animaux par rapport à l'homme, mais par l'élévation de l'humanité dans son ensemble à un niveau supérieur. Car l'homme, le premier parmi les enfants de la Nature, a montré la capacité de se changer soi-même par son propre effort et l'aspiration consciente à se dépasser soi-même.

Ces considérations justifient devant la raison l'idée d'un Mental par-delà notre mental, mais seulement comme une évolution finale à partir de la Matière. L'Upanishad, cependant, salue en lui le créateur et régent, déjà existant, du mental ; il est pour elle un principe secret déjà conscient et non pas seulement contenu inconsciemment dans la substance même des choses. Et c'est d'ailleurs une conclusion naturelle – même en dehors de l'expérience spirituelle – étant donnée la nature du principe supramental. Car il est, en sa culmination, connaissance, volonté, félicité et être conscient ; et il est plus raisonnable de conclure qu'il est éternellement conscient – bien que nous ne soyons pas conscients de lui – et qu'il est la source de l'univers, plutôt qu'éternellement inconscient et devenant conscient dans le Temps seulement comme résultat de l'univers. Le fait que nous ne sommes pas conscients de lui n'est pas une preuve qu'il soit inconscient de nous ; et cependant c'est notre incapacité qui reste la seule vraie raison de notre négation d'un Mental éternel par-delà le mental, supérieur à ses créations, et générateur du cosmos.

Toute autre raison de rejeter cette sagesse antique a disparu ou est en train de disparaître devant la lumière croissante de la connaissance moderne.

VII

Nous arrivons ainsi à cette affirmation d'un principe omniscient supérieur au mental et le dépassant en nature, en portée, en capacité. L'Upanishad en effet affirme comme résultat de l'intuition et de l'expérience spirituelle, un Mental par-delà le mental, et son existence est également la conclusion nécessaire imposée par les faits de l'évolution cosmique. Quel est donc ce Mental par-delà le mental ? Comment fonctionne-t-il ? par quels moyens arriver à le connaître, par quels moyens le posséder ?

De ce principe cognitif suprême, l'Upanishad affirme, premièrement, qu'il est hors de portée du mental et des sens ; deuxièmement, que lui-même ne pense pas avec le mental ; troisièmement, qu'il est ce par quoi le mental lui-même est pensé et mentalisé ; quatrièmement, qu'il est la nature même de la Conscience-de-Brahman.

Cependant, quand nous disons que le « Mental du mental » est la nature de la Conscience-du-Brahman, nous ne devons pas oublier que le Brahman absolu est en soi inconnaissable et par conséquent au-delà de toute description. S'il est inconnaissable, ce n'est pas qu'il soit un vide, susceptible de nulle autre description que de celle du néant, ni que, positif en existence, il n'ait ni contenu, ni qualité, c'est parce qu'il est par-delà tout ce que notre connaissance peut concevoir et parce que les méthodes d'idéation et d'expression propres à notre mentalité ne s'appliquent pas à lui. C'est l'absolu de toutes les choses que nous connaissons et de chacune des choses que nous connaissons, et cependant aucune chose, ni aucune somme de choses ne peut épuiser ni caractériser son être essentiel. Car sa manière d'être est autre que ce que nous appelons existence ; son unité résiste à toute analyse, ses infinités multiples dépassent toute synthèse. C'est pourquoi ce n'est pas dans son essence absolue qu'il peut être décrit comme Mental du mental, mais dans sa nature fondamentale par rapport à notre existence mentale. La Conscience-de-Brahman est le regard éternel de l'Absolu sur le relatif.

Mais de cette conception même, nous pouvons dire qu'elle est hors de portée du mental, de la parole et des sens. Or le mental, la parole et les sens semblent être les seuls moyens dont nous disposions pour acquérir et exprimer la connaissance. Ne devons-nous pas dire alors que cette Conscience-de-Brahman aussi est inconnaissable et que nous ne pouvons pas, en ce corps, espérer la connaître et la posséder ? Et cependant l'Upanishad nous ordonne de *connaître* ce Brahman et, par la connaissance, de le posséder – car la connaissance désignée par les mots *viddhi, avedît*, est une connaissance qui découvre et prend possession – et elle déclare ensuite que c'est ici-même, dans ce corps et sur cette terre, que nous devons ainsi posséder le Brahman en connaissance, sinon grande sera la perdition. On a introduit beaucoup de confusion dans l'interprétation de cette Upanishad en traitant d'une manière trop tranchante ses distinctions subtiles entre le caractère connaissable ou non connaissable du Brahman. Il nous faut donc essayer d'observer exactement ce que dit l'Upanishad et particulièrement d'en saisir l'orientation d'ensemble par une intuition synthétique, plutôt que d'en découper la signification pour la soumettre à notre mentalité logique.

L'Upanishad commence par dire que ce Régent du mental, des sens, de la parole et de la vie est Mental de notre mental, Vie de notre vie, Sens de nos sens, Verbe de notre parole ; elle explique ensuite ce qu'elle entend par ces formules saisissantes. Mais elle introduit, entre la description et l'explication, cet avertissement que ni la description ni l'explication ne doivent être poussées hors de leurs justes limites, ni considérées comme autre chose que des poteaux indicateurs nous dirigeant vers notre but. Ni le Mental, ni la Parole, ni les

Sens ne peuvent en effet voyager jusqu'au Brahman ; le Brahman doit donc être, en sa nature propre, par-delà toutes ces choses, sinon il leur serait accessible en leur fonction. L'Upanishad, au moment même d'instruire au sujet du Brahman, affirme encore : « Nous ne savons et ne pouvons discerner comment de lui on doit instruire[1]. » La raison de cette complète incapacité est donnée aussitôt après : « car il est autre que le connu et il est au-dessus de l'inconnu », le possédant et, si l'on peut dire, y présidant. Le connu est tout ce que nous saisissons et possédons par notre présente mentalité ; c'est tout ce qui est, non pas le Brahman suprême, mais seulement forme et phénomène du Brahman pour nos sens et notre cognition mentale. L'inconnu n'est pas inconnaissable si nous pouvons élargir nos facultés ou atteindre à d'autres facultés que nous ne possédons pas encore.

Cependant la suite de l'Upanishad maintient et explique sa première description, et nous prescrit la connaissance du Brahman ainsi décrit. Cette contradiction ne se résout pas aussitôt ; c'est dans le second chapitre seulement que la difficulté est résolue, et dans le quatrième seulement que sont indiqués les moyens de connaissance. La contradiction naît de la nature même de la connaissance

1. Les deux mots sanskrits qui sont employés ici, *vidmah* et *vijânîmah*, semblent indiquer, l'un une prise de possession d'ensemble, par la connaissance, l'autre une compréhension totale dans l'ensemble et le détail, par synthèse et par analyse.

qui est un rapport entre la conscience qui cherche et la conscience qui est cherchée ; quand ce rapport disparaît, la connaissance devient pure identité. Dans ce que nous appelons l'existence, la plus haute connaissance ne peut être rien de plus que le rapport le plus haut entre ce qui cherche et ce qui est cherché, et elle consiste en une identité modifiée à travers laquelle nous pouvons passer par-delà la connaissance jusqu'à l'absolue identité. Cette distinction métaphysique est d'importance, car elle nous empêche de prendre à tort pour l'absolu tout rapport dans la connaissance, et de nous laisser enchaîner par notre expérience jusqu'à perdre ou ignorer la conscience fondamentale de l'absolu qui est par-delà toute possibilité de description et derrière toute expérience formulée. Mais elle ne rend pas superflu et sans valeur le plus haut rapport dans la connaissance, l'identité modifiée dans l'expérience. C'est cela au contraire que nous devons rechercher comme étant la consommation de notre existence dans le monde. Car si nous possédons cette identité modifiée sans être limités par elle – et si nous sommes limités par elle, nous n'en avons pas la vraie possession – alors, en elle et par elle, même pendant que nous sommes en ce corps, nous demeurerons en contact avec l'Absolu.

Le moyen d'atteindre cette connaissance suprême est de préparer constamment le mental en faisant entrer en lui une activité plus haute que la sienne, jusqu'à ce qu'il soit capable de s'abandonner à l'action supramentale qui le dépasse et qui finira par le remplacer. De fait, le mental aussi doit suivre la loi de la progression naturelle, qui a gouverné notre évolution en ce monde – la matière devenant la vie, la vie devenant le mental. En effet, tout comme la conscience de vie est au-delà de l'être matériel captif et ne peut être atteinte avec les instruments dont il dispose, de même cette conscience supramentale est au-delà de la nature divisée et divisante du mental et lui est inaccessible avec les moyens dont il dispose. Mais, tout comme la Matière est constamment préparée pour la manifestation de la Vie jusqu'à ce que la Vie soit capable de se mouvoir en elle, de la posséder, d'agir et de réagir en elle selon sa manière propre, tout comme la Vie est constamment préparée pour la manifestation du Mental jusqu'à ce que le Mental soit capable de l'employer, d'éclairer ses actions et réactions par des valeurs mentales de plus en plus hautes, de même en est-il nécessairement pour le Mental et ce qui est par-delà le mental.

Et toute cette progression est possible parce que ces choses ne sont que des formations différentes d'un seul être et d'une seule conscience. La Vie ne révèle en la Matière que ce qui est « involué » dans la Matière, ce qui est le sens secret et l'essence de la Matière. Elle révèle, pour ainsi dire, à l'existence matérielle son âme propre, sa fin propre. De même le Mental révèle en la Vie tout ce que signifie la Vie, tout ce qu'elle est obscurément en son essence mais qu'elle ne peut réaliser parce qu'elle est absorbée dans son propre mouvement pratique et sa propre forme caractéristique. De même le Supramental doit intervenir selon son propre mouvement pratique et sa forme caractéristique et rendre l'être mental capable de réaliser ce qui est le secret caché de toute son action et son fonctionnement formels. C'est ainsi que l'homme viendra à la connaissance de ce qui gouverne au-dedans de lui, donne au mental sa mission vers son but, émet sa parole, pousse la forme de vie en son chemin et trace à ses sens leurs tâches.

Ce suprême principe cognitif ne pense pas par le mental. Le mental est par rapport à lui une action inférieure et secondaire, non pas son mode propre. Car le Mental, basé sur la limitation et la division, ne peut agir que d'un centre donné dans l'existence inférieure et obscurcie ; mais le Supramental est fondé sur l'unité, et il comprend et pénètre ; son action est dans l'universel et en communion consciente avec une source éternelle transcendante par-delà les formations de l'univers. Le Supramental voit l'individuel dans l'universel et ne commence pas par l'individuel ni ne fait de lui un être séparé. Il part du Transcendant et voit l'universel et l'individuel tels qu'ils sont par rapport au Transcendant, comme ses termes, comme ses formules ; il ne part pas de l'individuel et de l'universel pour arriver au Transcendant. Le Mental acquiert la connaissance et la maîtrise ; il les atteint par une constante mentalisation, un constant vouloir : le Supramental possède la connaissance et la maîtrise ; les possédant, il se projette soi-même librement en vouloirs divers et cognitions diverses. Le Mental avance à tâtons par la sensation divisée ; il arrive à une sorte d'unité par le moyen de la sympathie. Le Supramental possède par un sens libre et tout-embrassant ; il vit dans cette unité dont tout amour et toute sympathie ne sont qu'un jeu secondaire de manifestation. Le Supramental part de l'ensemble et voit en lui ses parties et ses propriétés, il ne construit pas la connaissance de l'ensemble par une connaissance accrue des parties et des propriétés ; et l'ensemble même n'est pour lui qu'une unité d'addition, qu'un terme partiel et inférieur de la plus haute unité de l'essence infinie.

Nous voyons donc que ces deux principes cognitifs partent de deux pôles opposés et agissent en des directions opposées par des méthodes opposées. Cependant c'est par le supérieur que l'inférieur est formé et gouverné. Le mental est pensé par ce qui est par-delà le mental ; la conscience mentalisatrice façonne et dirige son mouvement selon la connaissance et l'impulsion qu'elle reçoit de ce Supramental plus élevé, et la substance même dont il est formé appartient à ce principe. Il y a mentalité parce que ce qui est par-delà le mental a conçu de soi une action inverse fondée sur sa concentration sur différents points dans son être propre et en ses différentes formes de son être propre. Le Supramental fixe ces points, voit comment la conscience doit agir, en partant d'eux, sur d'autres formes d'elle-même et en obéissant à la pression de ces autres formes, une fois donné une loi ou rythme particulier d'action universelle ; il gouverne l'action entière de la mentalité selon ce qu'il fixe ainsi, et il voit. Notre ignorance même n'est que l'action déformée d'une vérité projetée du Supramental et ne peut exister autrement que comme déformation ; de même, toutes nos dualités de connaissance, de sensation, d'émotion, de force procèdent de cette vision supérieure, lui obéissent et sont une action dérivée et, pourrait-on dire, pervertie, du Supramental lui-même, de ce Supramental caché qui toujours gouverne cette action inférieure en harmonie avec sa première conception d'une conscience localisée, divisée en vérité et par conséquent ne possédant ni son monde ni soi-même, mais tâtonnant vers cette possession et vers cette unité que, grâce au Supramental en elle, elle sait, instinctivement quoique obscurément, être sa nature et son droit véritables.

Mais, pour cette raison même, l'aspiration, l'essai d'acquisition ne peut réussir que dans la mesure où l'être mental abandonne sa mentalité caractéristique et les limitations de cette mentalité afin de s'élever au-delà d'elle jusqu'à ce Mental du mental qui est son origine et son secret principe régisseur. Sa mentalité doit admettre la supramentalité comme la Vie a admis le Mental. Tant qu'il adore, recherche, étreint tout ceci que présentement il accepte comme objet de sa poursuite, le mental et ses buts, ses méthodes incohérentes, ses constructions de volonté et d'opinions et d'émotions basées sur l'égoïsme, la division et l'ignorance, il ne peut s'élever par-delà cette mort jusqu'à l'immortalité que l'Upanishad promet au chercheur. C'est Brahman qu'il nous faut connaître et rechercher, non pas ceci que les hommes ici adorent et recherchent.

VIII

L'Upanishad ne se contente pas de définir la Conscience-de-Brahman comme Mental du mental. De même qu'elle l'a décrite comme Verbe de la parole, elle la décrit également comme Œil de l'œil, Oreille de l'oreille. Ce n'est pas seulement une cognition absolue derrière le jeu de l'expression, c'est encore un Sens absolu derrière l'action des sens. Chaque partie de notre être trouve son accomplissement en ce qui est par-delà les formes actuelles de son jeu, et non point en ces formes mêmes.

Cette conception de la suprême conscience qui régit tout ne s'accorde pas avec nos théories ordinaires au sujet des sens, du mental et du Brahman. Nous ne connaissons des sens qu'une action d'organes à travers lesquels le mental logé en un corps communique avec la Matière extérieure – organes qui se sont développés séparément au cours de l'évolution ; les sens ne sont donc pas choses fondamentales, mais seulement commodités subordonnées et appareil physique temporaire du mental incarné. Nous concevons Brahman, au contraire, par l'élimination de tout ce qui n'est pas fondamental, par l'élimination même du mental. C'est une sorte de zéro positif, un X ou inconnaissable qui ne correspond à aucune équation possible de quantités physiques ou psychologiques. En essence, ce peut être vrai ; mais il nous faut maintenant considérer, non pas l'Inconnaissable, mais ses plus hautes manifestations dans la conscience ; et c'est ce que nous avons décrit comme le regard de l'Absolu sur le relatif, comme ce qui est la cause et la puissance régente de tout ce que nous sommes, nous et l'univers. Là même, en cette cause régente, il doit y avoir quelque chose d'essentiel et de suprême dont toutes nos activités fondamentales ici-bas sont une traduction en fonction d'une conscience incarnée.

Les sens, certes, ne sont ni ne paraissent être fondamentaux ; ils ne sont que l'appareil du mental employant le système nerveux. Ce n'est pas même une fonction purement mentale, c'est une fonction qui dépend tellement des courants de la force de Vie, de son énergie électrique vibrant d'une extrémité à l'autre des nerfs, que dans les Upanishads les sens sont appelés *prânas*, puissances ou fonctions de la force de Vie. Il est vrai que le mental transforme ces impressions nerveuses, quand elles lui sont communiquées, en valeurs mentales ; mais l'action même des sens semble plutôt nerveuse que mentale. En tout cas il semblerait, à première vue, qu'il n'y ait pas de raison d'attribuer un Sens des sens à ce qui n'est pas incarné, à une conscience supramentale qui n'a nul besoin d'un tel appareil instrumental.

Mais ce n'est pas le dernier mot au sujet des sens ; ce n'est que leur apparence extérieure, derrière laquelle il nous faut pénétrer. Qu'est-ce donc, non pas en leur jeu, mais en leur essence, que nous appelons sens ? En leur jeu, si nous poussons à fond l'analyse, nous voyons que c'est le contact du mental avec un simulacre (εἴδωλον) de matière – que ce soit une vibration de son, l'image lumineuse d'une forme, une volée de particules terreuses causant une sensation olfactive, une impression de *rasa* (sève) causant une sensation de goût, ou encore cette sensation directe de perturbation dans notre être nerveux que nous appelons toucher. Sans doute, le contact avec la matière est-il la cause originelle de ces sensations ; mais ce qui affecte directement le mental, c'est seulement ce simulacre de matière, comme par exemple l'image de la forme qui frappe notre vue. Car le mental agit sur la matière non point directement, mais à travers la force vitale. C'est elle qui est son instrument de communication, et la force vitale, étant en nous énergie nerveuse et non point quelque chose de matériel, ne peut appréhender la matière qu'à travers des impressions nerveuses de forme, à travers des images « contactuelles », si l'on peut dire, qui créent des valeurs correspondantes dans la conscience-énergie appelée dans les Upanishads le *prâna*. Le mental saisit ces impressions et y répond par une valeur mentale correspondante, des impressions-de-forme mentales correspondantes, si bien que l'objet perçu par les sens nous parvient après un triple processus de traduction : d'abord le simulacre matériel, puis l'image nerveuse ou image-énergie, enfin l'image reproduite dans la substance mentale.

Ce processus compliqué nous est caché par sa rapidité d'éclair – rapidité dans nos impressions de temps, car selon une notation du temps différente chez une créature autrement constituée, chaque partie de l'opération pourrait être distinctement perçue. Mais il y a toujours la triple traduction, parce qu'il y a en réalité en nous trois gaines de conscience : la matérielle, *annakosha*, où sont reçus et formés le contact et l'image physique ; la vitale ou nerveuse, *prânakosha*, où il y a contact nerveux, formation nerveuse ; la mentale, *manahkosha*, où il y a contact mental, formation d'une image mentale. Nous demeurons centrés dans la gaine mentale, et par conséquent il faut que l'expérience du monde matériel traverse les deux autres gaines avant de pouvoir nous parvenir.

La base des sens est donc le contact, et le contact essentiel est le contact mental sans lequel il n'y aurait pas de sens. La plante, par exemple, sent nerveusement, elle sent en fonction de l'énergie vitale, exactement comme fait un système nerveux humain, et elle a exactement les mêmes réactions ; mais c'est seulement si la plante a un mental rudimentaire que nous pouvons la supposer capable de ces impressions et réactions nerveuses ou vitales. Car, en ce cas, elle sentirait, non pas seulement nerveusement, mais sur le plan mental. On peut donc décrire l'action sensorielle, en son essence, comme le contact mental d'un objet et la reproduction mentale de son image.

Toutes ces choses, nous les observons et nous en raisonnons selon la conception de l'esprit incarné dans la Matière ; car ces gaines ou *koshas* sont des formations d'une substance de plus en plus subtile ayant comme base la Matière brute. Imaginons qu'il y ait un monde mental dans lequel la base soit le mental et non la matière. Alors les sens y opéreraient d'une façon entièrement différente. Ils sentiraient mentalement une image dans le mental et la projetteraient en une forme de substance de plus en plus matérielle ; et tout ce qui pourrait exister déjà de formations physiques en un tel monde répondrait rapidement au mental et obéirait à ses suggestions transformatrices. Le mental serait maître, créateur, générateur, et non pas, comme il l'est chez nous, ou bien obéissant à la matière et se bornant à la reproduire, ou encore en lutte avec elle et ne réussissant qu'à grand-peine à modifier une matière prédéterminée qui résiste, inerte, à son contact. Il serait au-dessus d'elle, maître d'une matière malléable répondant aisément à son contact. Pourtant il y aurait encore des sens, parce que le contact dans la conscience mentale et la formation d'images feraient encore partie de la loi d'être.

De fait, le mental, ou la conscience active en général, a quatre fonctions nécessaires qui lui sont indispensables en quelque endroit et de quelque manière qu'il agisse – quatre fonctions que les Upanishads désignent par les termes *vijnâna, prajnâna, sanjnâna* et *âjnâna. Vijnâna* est la conscience originelle compréhensive qui comporte l'image des choses en son essence, sa totalité, ses parties et ses propriétés ; c'en est la vue originelle, spontanée, vraie et complète qui appartient proprement au supramental et dont le mental ne possède qu'une ombre dans les opérations les plus hautes de l'intellect compréhensif. *Prajnâna* est la conscience qui comporte l'image des choses comme un objet avec lequel elle doit entrer en rapport, qu'elle doit posséder par appréhension et cognition analytiques et synthétiques. *Sanjnâna* est le contact de la conscience avec l'image des choses, contact par lequel il y a possession sensorielle de cette image en sa substance ; si *prajnâna* peut être considéré comme la conscience appréhensive dirigée vers l'extérieur pour posséder son objet dans l'énergie consciente, pour le connaître, *sanjnâna* peut être considéré comme le mouvement dirigé vers l'intérieur de la conscience appréhensive qui ramène à elle l'objet placé devant elle afin de le posséder en substance consciente, de le sentir. *Ajnâna* est l'opération par laquelle la conscience contemple l'image des choses afin de la dominer et de la posséder dans la puissance. Ces quatre opérations sont donc la base de toute action consciente.

Étant donnée notre constitution psychologique humaine, nous commençons par *sanjnâna* – perception d'un objet en son image ; puis vient l'appréhension de l'objet dans la connaissance ; ensuite nous essayons de parvenir à la compréhension de l'objet dans la connaissance et à la possession de l'objet dans la puissance. Il y a encore en nous, dans notre être subconscient et notre être supraconscient, des opérations secrètes qui précèdent cette action, mais nous n'en sommes pas conscients dans notre être superficiel et par conséquent elles n'existent pas pour nous. Si nous les connaissions, tout notre mécanisme conscient en serait transformé. En fait, ce qui se passe, c'est un processus rapide par lequel nous saisissons par les sens une image et avons d'elle une perception et conception préhensives, et un processus plus lent de l'intellect par lequel nous tâchons de comprendre l'image et de la posséder. Le premier processus est l'action naturelle du mental entièrement developpé en nous ; le second est une action acquise, une action de l'intellect et de la volonté intelligente qui représentent dans le mental un effort de l'être mental pour faire ce qui ne peut être fait avec une maîtrise et une spontanéité parfaites que par quelque chose de plus haut que le mental. L'intellect et la volonté intelligente forment un pont par où l'être mental essaie d'établir une connection consciente avec le supramental et de préparer l'âme incarnée à accueillir en elle la descente d'une action supramentale. C'est pourquoi le premier processus est facile, spontané, rapide, parfait ; le second lent, laborieux, imparfait. Dans la mesure où une action supramentale rudimentaire s'associe à l'action intellectuelle et la domine – et c'est ce qui constitue le phénomène du génie – le second processus devient aussi de plus en plus facile, spontané, rapide et parfait.

Si nous supposons une conscience suprême, maîtresse du monde, qui véritablement conduit de derrière le voile toutes les opérations que s'attribuent les Dieux mentaux, il devient évident que cette conscience sera le souverain Connaissant et Seigneur. La base de son action, de son gouvernement du monde, sera *vijnâna* et *âjnâna*, parfaits, originels et possédant tout. Elle comprendra toutes choses en son énergie de connaissance consciente, dominera toutes choses en son énergie de puissance consciente. Ces énergies seront l'action spontanée inhérente à son être conscient créateur et possesseur des formes de l'univers. Quel rôle restera-t-il donc à jouer pour la conscience préhensive et les sens ? Ils seront, non pas des fonctions indépendantes, mais des opérations subordonnées impliquées dans l'action de la conscience compréhensive même. De fait, les quatre mouvements seront alors un seul mouvement rapide. S'ils agissaient en nous avec la rapidité unifiée de *prajnâna* et *sanjnâna*, nous aurions alors en notre notation du Temps une sorte d'image inadéquate de l'unité de la suprême action de la suprême énergie.

Si nous examinons la question, nous verrons qu'il doit en être ainsi. La conscience suprême ne doit pas seulement comprendre et posséder en son être conscient les images des choses qu'elle crée comme expression de soi, elle doit encore les placer devant elle – toujours dans son être propre, non pas extérieurement – et avoir avec elles un certain rapport par les deux termes de la conscience préhensive. Sinon l'univers ne prendrait pas la forme qu'il assume pour nous ; car nous ne faisons que réfléchir, en fonction de notre organisation, les mouvements de l'Énergie suprême. Mais par le fait même que les images des choses sont présentées devant une conscience préhensive, au-dedans d'un être conscient compréhensif, au lieu d'être extériorisées comme notre mental individuel les extériorise, le Mental suprême et les Sens suprêmes seront entièrement différents de notre mentalité et de nos formes de sensation. Ils seront termes d'une connaissance entière, d'une entière possession de soi, et non pas termes d'une ignorance et d'une limitation qui s'efforcent de connaître et de posséder.

Dans leur signification essentielle et générale, nos sens doivent réfléchir ce Sens suprême et en être la création. Mais l'Upanishad parle d'une Vue derrière notre vue et d'une Ouïe derrière notre ouïe – et cela non pas d'une façon globale comme d'un Sens derrière nos sens. L'œil et l'oreille, à n'en pas douter, ne sont pris que comme types de nos sens en général ; ils sont choisis parce qu'ils sont les plus élevés et les plus subtils de tous. Cependant la différenciation des sens qui forme une partie de notre mentalité doit évidemment correspondre à quelque différenciation dans le Sens suprême. Comment est-ce possible ? C'est ce que nous devons maintenant démêler en examinant la nature et la source du jeu des sens en nous-mêmes, leur source en notre mentalité et non pas seulement leur jeu en fonction directe de notre énergie vitale et de notre corps. Qu'y a-t-il dans le Mental qui soit fondamental à la vue et à l'ouïe ? Pourquoi voyons-nous et entendons-nous au lieu de simplement sentir avec le mental ?

IX

Les psychologues indiens appelaient le mental le onzième sens et le considéraient comme le Sens suprême. Dans l'antique classification des sens – cinq de connaissance et cinq d'action – il était le sixième organe d'action. C'est un lieu commun de psychologie que le jeu effectif des sens de connaissance est inopérant sans l'assistance du mental ; l'œil peut voir, l'oreille peut entendre, tous les sens peuvent fonctionner – mais si le mental n'est pas attentif, l'homme n'a pas entendu, vu, senti, touché, goûté. De même, selon la psychologie, les organes de l'action ne fonctionnent que par la force du mental agissant en tant que volonté, ou, physiologiquement, par la force nerveuse de réaction venant du cerveau qui doit être, d'après les conceptions matérialistes, l'être véritable et l'essence de toute volonté. De toutes façons, les sens – tous les sens, s'il en est d'autres que ces dix, et selon un texte de l'Upanishad il devrait y en avoir au moins quatorze, soit sept et sept – tous les sens semblent n'être qu'organisations, fonctionnements, appareil instrumental de la conscience mentale, dispositifs qu'elle a formés au cours de son évolution dans la Matière vivante.

La psychologie moderne a étendu notre connaissance et nous a fait accéder à une vérité que les anciens connaissaient déjà, mais exprimaient en un langage différent. Nous savons maintenant, ou nous redécouvrons, cette vérité que l'opération consciente du mental n'est qu'une action superficielle. Il y a un mental subconscient beaucoup plus vaste et plus puissant qui ne perd rien de ce que les sens lui apportent ; il garde toute sa richesse dans une réserve inépuisable de mémoire, *akshitam shravah*. Le mental superficiel peut ne prêter aucune attention, et cependant le mental subconscient écouter, recevoir, amasser avec une infaillible précision. La servante illettrée entend chaque jour son maître réciter de l'hébreu dans son cabinet de travail ; le mental superficiel n'est pas attentif à l'inintelligible jargon ; mais le mental subconscient entend, retient et, en un état anormal, fait surgir à la surface, reproduit ces récitations savantes avec une effarante précision que pourrait envier l'érudit à la mémoire la plus fidèle et la plus vaste. L'homme, le mental, n'a pas entendu parce qu'il n'était pas attentif ; l'homme plus grand, le mental au-dedans de lui, a entendu parce qu'il est toujours attentif, ou plutôt qu'il est toujours rétentif, avec une capacité infinie. De même un patient qu'on a opéré sous anesthésie n'a rien senti ; mais libérez par l'hypnose son mental subconscient, et il racontera avec précision tous les détails de l'opération avec leurs souffrances particulières ; car l'anesthésie de l'organe physique du sens n'a pu empêcher le mental plus vaste au-dedans de lui d'observer et de sentir.

De même, nous savons qu'une large part de notre action physique est instinctive et dirigée, non par le mental de surface, mais par le mental subconscient. Et nous savons maintenant que c'est l'action d'un mental, et non pas simplement une réaction nerveuse ignorante issue du cerveau physique purement matériel. Le mental subconscient chez certains insectes connaît l'anatomie du coléoptère qui va être immobilisé pour devenir la proie des larves, et il dirige l'aiguillon en conséquence avec autant de sûreté que le plus habile chirurgien, à condition que le mental superficiel plus étroit, de son action nerveuse tâtonnante et mal assurée, ne vienne pas embarrasser et fausser la connaissance intérieure, la force de volonté intérieure.

Ces exemples nous orientent vers des vérités que la psychologie occidentale, entravée par sa vieille ignorance – qui se pose en orthodoxie scientifique – ignore encore ou refuse de reconnaître. L'Esprit en nous, disent les Upanishads, est infini ; il connaît non seulement ce qui a été vu, mais encore ce qui n'a pas été vu ; non seulement ce qui a été entendu, mais encore ce qui n'a pas été entendu ; non seulement ce qui a été discriminé par la pensée, mais encore ce qui n'a pas été discriminé par la pensée. Disons donc, dans les termes de nos connaissances modernes, que l'homme superficiel en nous est limité par ses expériences physiques ; il connaît seulement ce que sa vie nerveuse dans le corps apporte à son mental incarné ; et de ces apports mêmes, il ne connaît, ne peut garder et utiliser que ce que son sens mental superficiel saisit et retient en sa mémoire consciente ; mais il y a en lui une conscience subliminale plus vaste qui n'a point ces limitations. Cette conscience perçoit ce qui n'a pas été perçu par le mental superficiel et ses organes, et elle connaît ce que le mental superficiel n'a pas appris par sa pensée acquisitive. C'est elle qui, en l'insecte, connaît l'anatomie de sa victime ; c'est elle qui, en l'homme extérieurement insensible, non seulement ressent et se rappelle l'action du bistouri du chirurgien, mais connaît les réactions particulières de souffrance qui, dans le corps physique, étaient inhibées par l'anesthésie et par conséquent non existantes ; c'est elle qui, en la servante illettrée, a entendu et retenu avec précision les mots d'une langue inconnue, et, comme le savent les yogins, a pu comprendre, par son action supérieure, ces sons superficiellement inintelligibles.

Pour en revenir aux expressions védântiques que nous avons employées, il y a une action plus vaste du *sanjnâna* qui n'est pas limitée par l'action des organes physiques des sens ; c'est cela qui saisissait parfaitement et faisait siens, par l'oreille, les mots de la langue inconnue, par le toucher les mouvements sans douleur du bistouri du chirurgien, par le mental-sens ou sixième sens le lieu exact des centres locomoteurs du coléoptère. Il y a aussi, associée à cette action de *sanjnâna*, une action correspondante plus vaste de *prajnâna, âjnâna* et *vijnâna*, non limitée par les facultés moindres, préhensive et compréhensive, du mental extérieur. C'est ce plus vaste *prajnâna* qui percevait le juste rapport des mots entre eux, le juste rapport du mouvement du bistouri avec la souffrance non ressentie des nerfs, le juste rapport des relations successives dans l'espace entre les articulations du coléoptère. Cette perception était inhérente à la reproduction juste des mots, la juste description des souffrances, les justes actions successives de l'aiguillon. L'*âjnâna* ou Volonté-de-connaissance, génératrice de toutes ces actions, était aussi plus vaste, non limitée par la force hésitante qui gouverne les opérations dirigées par le mental superficiel. Et, bien qu'en ces exemples l'action du plus vaste *vijnâna* ne soit pas aussi apparente, elle était évidemment à l'œuvre dans ces mouvements, et en assurait la coordination.

Mais revenons pour le moment au *sanjnâna*. Notons tout d'abord qu'il y a en lui une action du mental-sens qui est supérieure à l'action particulière des sens et prend conscience des choses sans même les revêtir de formes visuelles, auditives, tactiles, mais qui aussi, comme une sorte d'opération subordonnée – subordonnée, mais nécessaire à la représentation complète – les revêt en vérité de ces formes. Cela est évident dans les phénomènes métapsychiques. Ceux qui en ont poussé assez loin l'étude et l'expérimentation ont découvert que nous pouvons percevoir par les sens des choses qui n'existent que dans l'esprit d'autrui, des choses qui n'existent qu'à une grande distance, des choses qui appartiennent à un autre plan que le plan terrestre, mais produisent ici leurs effets ; nous pouvons à la fois percevoir ces choses en leurs images et aussi sentir, si l'on peut dire, tout ce qu'elles sont sans aucune image précise appartenant aux cinq sens.

Cela montre, en premier lieu, que la vue et les autres sens ne sont pas seulement les résultats du développement de nos organes physiques dans l'évolution terrestre. Le Mental, subconscient en toute Matière et évoluant en elle, a fait apparaître ces organes physiques afin d'appliquer sa capacité inhérente de vue, d'ouïe, etc. sur le plan physique par des moyens physiques pour une vie physique ; mais ce sont des capacités inhérentes qui ne dépendent pas de cette circonstance qu'est l'évolution terrestre ; on peut les employer sans employer les sens physiques qui agissent à travers un corps physique – et c'est ainsi que nous expliquons ces phénomènes psychiques ; et cependant cette action aussi n'est qu'une organisation du fonctionnement inhérent du sens essentiel, *sanjnâna*, qui, en soi, peut opérer sans organes corporels. Ce sens essentiel est la capacité originelle qu'a la conscience de sentir en soi toutes les propriétés et opérations essentielles de ce qui a forme – que la représentation matérielle en soit une vibration de son, une image de lumière ou tout autre symbole physique.

Le courant de la science nous entraîne de plus en plus vers cette conclusion que non seulement les propriétés de la forme, même les plus évidentes, comme la couleur, la lumière, etc., sont de simples manifestations actives de la Force, mais que la forme n'est elle-même qu'une manifestation active de la Force. Cette Force elle-même se révèle comme la puissance-de-soi de l'être conscient[1] en état d'énergie et d'activité.

1. *Devâtmashaktim svagunair nigûdham*, puissance-de-soi du divin Existant caché par ses propres modes (*Shvetâshvatara Upanishad*).

Pratiquement, toute forme n'est donc qu'une opération de la conscience imprimant sur soi des représentations de ses propres activités. Nous voyons de la couleur parce que telle est la représentation que la conscience se fait à soi-même d'une de ses propres activités ; mais la couleur n'est qu'une opération de la Force agissant sous la forme de Lumière, et la Lumière elle-même n'est qu'un mouvement, c'est-à-dire une opération de la Force. La question est celle-ci : qu'est-ce qui est essentiel pour que cette opération de la Force assume l'aspect de sa forme ? Car c'est cela qui doit déterminer l'action de *sanjnâna*, du Sens, sur quelque plan qu'il opère.

Tout commence par une vibration, un mouvement, le *kshobha* ou perturbation initiale. S'il n'y a pas mouvement de l'être conscient, celui-ci ne peut connaître que sa pure existence statique. Sans vibration[1], sans mouvement de l'être dans la force, il ne peut y avoir d'objet des sens. Le mouvement de l'être conscient en tant que connaissance devenant perceptible à soi-même comme mouvement de force, en d'autres termes la connaissance se séparant de sa propre activité pour l'observer et la reprendre en soi en la sentant – telle est la base de l'universel *sanjnâna*. Cela est vrai à la fois de nos opérations intérieures et extérieures. Je deviens la colère par une vibration de

1. Le terme est employé ici, non parce qu'il est entièrement adéquat, entièrement précis – aucun terme physique ne peut l'être – mais parce qu'il suggère le mieux le départ initial de la conscience à la recherche d'elle-même.

force consciente agissant comme émotion nerveuse, et je sens la colère que je suis devenu par un autre mouvement de force consciente agissant comme lumière de connaissance. Je suis conscient de mon corps parce que je suis moi-même devenu le corps ; cette même force de l'être conscient, qui a fait cette forme qui est la sienne, cette représentation de ses activités la connaît sous cette forme, en cette représentation. Je ne peux connaître rien d'autre que ce que je suis moi-même ; si je connais les autres, c'est parce qu'eux aussi sont moi-même, parce que mon être a assumé leurs représentations apparemment étrangères aussi bien que celle qui est le plus proche de mon propre centre mental. Toute sensation, toute action des sens est ainsi la même en essence, qu'elle soit extérieure ou intérieure, physique ou psychique.

Mais cette vibration d'être conscient se présente à elle-même par diverses formes de sens qui répondent aux opérations successives de mouvement par lesquelles elle a pris forme. Car il y a, premièrement, une intensité de vibration créant un rythme régulier, lequel fonde ou constitue toute formation créatrice ; deuxièmement, le contact ou l'entremêlement des mouvements de l'être conscient qui constituent le rythme ; troisièmement, le groupement des mouvements en contact se définissant, la figure de ces mouvements ; quatrièmement, le surgissement constant de la force essentielle pour soutenir en sa continuité le mouvement qui a été ainsi précisé ; cinquièmement, la contrainte et la compression réelle de la force en son propre mouvement qui maintient la forme assumée. Les sâmkhiens considèrent que, dans la matière, ces cinq opérations constituantes sont représentées comme cinq conditions élémentales de substance – éthérique, atmosphérique, ignée, liquide et solide ; pour eux, le rythme de vibration est *shabda*, le son qui est la base de l'ouïe ; l'entremêlement est le contact [*sparsha*], base du toucher ; la figure définie comme forme [*rûpa*], est la base de la vue ; la montée de la force, *rasa*, la sève, est la base du goût ; et la décharge de la compression atomique, *gandha*, l'odeur, est la base de l'odorat. Il est vrai que cela est affirmé seulement de la matière pure, subtile ; la matière physique de notre monde étant une opération complexe de force, on n'y trouve ces cinq états élémentaux séparés que sous une forme très modifiée. Mais ce ne sont tous que des activités ou symboles physiques. Essentiellement, toute formation, même la plus subtile, même celle qui échappe le plus à nos sens, comme la forme mentale, la forme-caractère, la forme-âme, se réduit, si on l'examine de près, à cette quintuple opération de la force-conscience en mouvement.

Tout ce jeu d'opérations, le *sanjnâna* ou Sens essentiel doit donc être capable de le saisir, de le faire sien, par cette union – qui lui est particulière – du Connaissant et de l'objet dans la connaissance. Sa sensation du rythme, de l'intensité des vibrations qui contiennent en elles toute la signification de la forme, sera la base de l'ouïe essentielle dont notre appréhension du son physique ou du mot prononcé n'est que le résultat le plus extérieur ; de même sa sensation du contact ou de l'entremêlement entre force consciente et force consciente doit être la base du toucher essentiel ; sa sensation de la figure définie ou forme de la force doit être la base de la vue essentielle ; sa sensation de la montée de l'être essentiel dans la forme, cela même qui est le secret de sa jouissance de soi, doit être la base du goût essentiel ; sa sensation de compression de force et de l'auto-émission de son essence d'être doit être la base de l'inhalation essentielle grossièrement représentée dans la substance physique par la sensation d'odorat. Sur quelque plan que ce soit, à quelque sorte de formation qu'elles s'appliquent, ces essentialités du sentir s'exercent et, dans chaque cas, elles chercheront une organisation appropriée, un fonctionnement approprié.

Ce sens multiple sera évidemment, dans la conscience la plus haute, une unité complexe, tout comme, dans cette haute conscience, l'opération multiple de connaissance est, nous l'avons vu, une unité complexe. Même si nous examinons les sens physiques – par exemple le sens de l'ouïe – si nous observons comment le mental sous-jacent reçoit leur action, nous verrons que les sens, en leur essence, sont tous en chacun d'eux. Ce mental sous-jacent n'est pas seulement conscient de la vibration que nous appelons son ; il est conscient aussi du contact et de l'échange entre la force dans le son et la force nerveuse en nous à laquelle il se mêle ; il est conscient de la figure définie ou forme du son et des contacts ou rapports complexes qui constituent les sons ; il est conscient de l'essence – ou jaillissement de force consciente – qui constitue et maintient le son, et qui prolonge ses vibrations dans notre être nerveux ; il est conscient de notre propre inhalation nerveuse de cette décharge vibratoire provenant de la compression de force qui fait, si l'on peut dire, la solidité du son. Toutes ces sensations entrent dans la réception sensorielle et dans la joie de la musique, qui est la forme physique la plus haute de cette manifestation de la force à l'œuvre ; elles constituent notre sensibilité physique à la musique et la joie qu'y prend notre être nerveux : diminuez l'une d'elles et joie et sensibilité seront d'autant émoussées. Cette unité complexe doit exister bien plus encore dans une conscience plus haute que la conscience physique, et surtout, dans celle qui est la plus haute, doit-il y avoir unité. Mais le sens essentiel doit être capable aussi de saisir l'essence secrète de tout être conscient en action, de la saisir en soi, et non pas seulement à travers les résultats de l'action ; son appréciation de ces résultats ne peut être rien de plus que le produit même de ce sens plus profond qu'il a de Cela qui est derrière ses apparences.

Si nous considérons ainsi ces choses de façon subtile, à la lumière de notre plus profonde psychologie, et les poursuivons par-delà les apparences physiques qui les recouvrent, nous parviendrons à une conception intellectuelle du Sens par-delà nos sens, ou plutôt du Sens de nos sens, Vue de notre vue, Ouïe de notre ouïe. La conscience de Brahman dont parle l'Upanishad n'est pas l'Absolu retiré en soi, mais ce même

Absolu en sa Transcendance et sa Totalité souveraine, Cela qui constitue et gouverne l'action des Dieux sur les divers plans de notre être. Puisqu'elle les constitue, toutes nos activités ne peuvent être rien d'autre que les résultats et les représentations psychiques et physiques de quelque chose d'essentiel propre à Sa suprême vision créatrice, nos sens une ombre du Sens divin, notre vue une ombre de la divine Vue, notre ouïe une ombre de l'Ouïe divine. Et cette vue et cette ouïe divines ne sont point limitées aux choses physiques, mais s'étendent à toutes les formes et manifestations actives de l'être conscient.

La Conscience suprême ne dépend pas, pour sa propre vision, sa propre audition essentielles, de ce que nous appelons vue et ouïe. Elle emploie un Sens suprême, créateur et compréhensif, dont notre vue et notre ouïe physiques et psychiques sont des résultats extérieurs et des activités partielles. Elle ne les ignore pas, ni ne les exclut ; puisqu'elle les constitue et les gouverne, elle doit en effet en être consciente, mais du haut d'un plan suprême, *param dhama*, qui inclut toutes choses en sa vision ; car son action originelle est ce mouvement suprême de Vishnou que, dit le Véda, les voyants contemplent comme un œil immense dans le ciel. C'est par cela que l'âme voit ses visions et entend ses auditions ; mais un sens quelconque ne revêt sa vraie valeur et n'atteint à son absolu, à sa réalité immortelle, que lorsque nous cessons de poursuivre les satisfactions des sens purement extérieurs et physiques pour passer par-delà l'être psychique lui-même jusqu'à ce spirituel, cet essentiel qui est la source et la fontaine, qui est ce qui connaît, constitue et estime tout le reste à sa vraie valeur.

C'est ce sens spirituel des choses, secret et supra-conscient en nous, qui seul donne aux sens psychiques leur être, leur valeur et leur réalité ; en eux-mêmes, ils n'en ont point. Quand nous atteignons à ce sens spirituel, ces opérations inférieures sont, pour ainsi dire, absorbées en lui, et le monde entier et toute chose en lui changent pour nous et prennent une valeur différente et non matérielle. Cette Conscience-maîtresse en nous perçoit nos sensations d'objets, voit notre vue, entend nos auditions, non plus pour le bénéfice des sens et leurs désirs, mais dans l'embrassement de la Béatitude existant en soi, sans cause ni commencement ni fin, éternelle en sa propre immortalité.

X

Mais la conscience du Brahman n'est pas seulement Mental de notre mental, Verbe de notre parole, Sens de nos sens ; elle est aussi Vie de notre vie. En d'autres termes, elle est une énergie suprême et universelle d'existence, dont notre vie matérielle et l'énergie qui la maintient ne sont qu'un résultat inférieur, un symbole physique, un jeu extérieur et limité. Ce qui gouverne notre existence et son activité ne vit ni n'agit par elles, mais est leur cause supérieure et le principe supra-vital dont elles sont formées et par quoi elles sont dominées.

Le mot « vie » sert à beaucoup de nuances de sens très différentes ; mais le mot *prâna*, couramment employé dans l'Upanishad et dans la terminologie du Yoga, s'applique seulement à la force vitale, considérée en soi-même ou en son jeu. En vérité, *prâna*, au sens ordinaire, c'était le souffle inspiré dans les poumons et expiré des poumons, donc en son sens le plus matériel et le plus commun, la vie ou le souffle de vie ; mais ce n'est point le sens philosophique du mot tel qu'il est employé dans les Upanishads. Le *prâna* des Upanishads est l'énergie vitale même dont on pensait qu'elle occupait le corps et y agissait selon un quintuple mouvement, chacun ayant son nom caractéristique, et chacun tout aussi nécessaire au fonctionnement de la vie dans le corps que l'acte de respirer. De fait, la respiration n'est qu'une action du mouvement principal de l'énergie vitale, du premier des cinq – l'action qui est, le plus normalement, nécessaire et indispensable au maintien et à la distribution de l'énergie dans la structure physique, mais qui peut cependant être suspendue sans que la vie en soit nécessairement détruite.

La science occidentale a mis en doute l'existence d'une force vitale, d'une énergie vitale, parce qu'elle ne considère que les opérations les plus extérieures de la Nature et qu'elle n'a encore de vraie connaissance de rien d'autre que de l'extérieur et du physique. Ce *prâna*, cette force vitale, n'est pas en soi physique ; ce n'est pas une énergie matérielle, mais plutôt un principe différent servant de support à la Matière et engagé en elle. Il supporte et occupe toutes les formes, et sans lui nulle forme physique n'aurait pu venir à l'existence ni ne pourrait demeurer. Il agit en toutes les forces matérielles telles que l'électricité, et c'est en celles qui sont les plus proches de la force pure qu'il est le plus proche de sa manifestation propre ; aucune force matérielle ne pourrait exister ou agir sans lui, car c'est de lui qu'elle tire son énergie et son mouvement, et elle est son véhicule. Mais tous les aspects matériels ne sont que le champ et la forme du *prâna*, qui est en soi une énergie pure, leur cause et non leur résultat. Nulle analyse physique ne peut donc le révéler ; l'analyse physique peut seulement résoudre pour nous les combinaisons de ces phénomènes matériels qui sont ses résultats et les signes et symboles extérieurs de sa présence et de son activité.

Comment donc prenons-nous conscience de son existence ? Par cette purification de notre mental et de notre corps, cette subtilisation de nos moyens de percevoir et de connaître, qui deviennent possibles par le Yoga. Nous devenons capables d'une analyse autre que la simple résolution des formes en leurs grossiers éléments physiques ; nous sommes capables de distinguer les opérations du pur principe mental de celles du principe matériel, et ces deux sortes d'opérations de celles du principe vital ou dynamique qui forme un lien entre elles et les supporte toutes les deux. Nous sommes alors capables de distinguer les mouvements des courants prâniques non seulement dans le corps physique qui est tout ce dont nous sommes normalement conscients, mais encore dans cette structure subtile de notre être que le Yoga nous révèle, sous-jacente au corps physique et le supportant. On y arrive d'ordinaire par le processus de *prânâyâma*, qui est domination ou maîtrise de la respiration. Au moyen du *prânâyâma*, le hatha-yogin est capable de maîtriser, de suspendre et de dépasser l'opération régulière habituelle de l'énergie prânique qui est ce dont la Nature a besoin pour le fonctionnement normal du corps, de la vie et du mental physique ; il devient conscient des canaux dans lesquels cette énergie se distribue en toutes ses activités, et par conséquent il est capable de faire avec son corps des choses qui semblent à l'ignorant miraculeuses, tout comme le physicien, par sa connaissance du jeu des forces matérielles, est capable de faire des choses qui nous sembleraient magiques si leurs lois, leurs processus n'étaient divulgués. Car ce sont toutes les activités de la vie dans la forme physique qui sont gouvernées par le *prâna*, et non pas seulement celles qui sont ordinaires et constantes, et celles qui, étant toujours en puissance, peuvent être aisément appelées et mises à l'œuvre, mais encore celles dont la potentialité est plus lointaine et qui semblent à notre expérience courante difficiles ou impossibles.

Mais l'énergie prânique est le support, non seulement des opérations de notre vie physique, mais aussi de celles du mental dans le corps vivant. Aussi la maîtrise de l'énergie prânique permet-elle, non seulement de maîtriser notre mécanisme physique et vital et d'en dépasser le fonctionnement ordinaire, mais de maîtriser aussi le mécanisme du mental et d'en dépasser les opérations ordinaires. De fait, le mental humain dépend toujours de la force prânique qui le lie au corps à travers lequel il se manifeste, et il est capable de déployer sa propre force seulement dans la mesure où il peut rendre cette énergie disponible pour ses propres fins, la faire servir à ses propres desseins. C'est donc dans la mesure où le yogin retrouve la maîtrise du *prâna* – et, par la manœuvre de ses batteries, ouvre les centres nerveux (*chakras*) où le *prâna* présentement somnole et n'opère que partiellement – qu'il est capable de manifester certains pouvoirs du mental, des sens et de la conscience qui dépassent notre expérience ordinaire. Les pouvoirs dits occultes du Yoga, ce sont ces facultés qui s'ouvrent ainsi d'elles-mêmes à mesure que le yogin progresse dans la maîtrise de la force prânique et, purifiant les canaux où se meut le *prâna*, ouvre la communication entre la conscience de son être subtil subliminal et la conscience de son existence grossière, physique et superficielle.

Ainsi le *prâna* est la force vitale ou nerveuse, qui sert de support aux opérations du mental et du corps, et il est attelé par eux, pour ainsi dire, comme un cheval à un char et conduit par le mental sur les voies où il veut voyager vers l'objet de son désir. C'est pourquoi la Kena Upanishad le décrit comme attelé et avançant, et ailleurs comme conduit dans sa marche en avant – ces images rappelant le symbole védique du Cheval qui désigne constamment, dans le Rig-Véda, la force prânique. C'est cela, en vérité, qui réalise l'action entière du monde sous les ordres du mental conscient et subconscient, dans les conditions de la force matérielle et de la forme matérielle. Cependant que le mental est le mouvement de Nature en nous qui représente, dans le moule de notre existence matérielle et phénoménale, et sous la triple catégorie de l'ignorance, l'aspect-connaissance du Brahman, et la conscience du connaissant – le corps étant cela qui représente l'être de ce qui existe sous le masque de la substance phénoménale divisible – le *prâna* ou énergie vitale représente, dans le flot des phénomènes, la force, la δύναμις active du Seigneur qui gouverne la manifestation de Son être propre et en jouit. C'est une énergie universelle présente en chaque atome, en chaque particule de l'univers, active en chaque mouvement, en chaque courant de ce flot, de cet échange mutuel constant qui constitue le monde.

Mais, de même que le mental n'est qu'un mouvement inférieur de l'Être-Conscient suprême et qu'au-dessus du mental il y a un principe de conscience, de volonté et de connaissance divin et infini qui gouverne l'action ignorante du mental, et que c'est par ce principe supérieur et non par le mental que Brahman connaît Son être propre, en soi ou en sa manifestation – ainsi doit-il en être de cette force vitale. Les caractères de la force vitale telle qu'elle se manifeste en nous sont le désir, la faim, une jouissance qui découvre son objet, et un mouvement, une activité qui cherche aveuglément la possession et s'efforce de pénétrer, d'embrasser, de s'incorporer l'objet de son désir[1]. Ce n'est pas en ce souffle de désir et de jouissance mortelle que peut consister la vraie vie, que peut agir la plus haute, la divine énergie ; pas plus que la connaissance suprême ne peut penser dans les termes employés par le mental ignorant, tâtonnant, limité et divisé. De même que les mouvements du mental sont de simples représentations, en fonction de la dualité et de l'ignorance, des réflexions d'une conscience et d'une connaissance suprêmes, de même les mouvements de cette force vitale ne peuvent être également que des représentations d'une énergie suprême exprimant une existence plus haute et plus vraie, possédant cette conscience et cette connaissance et par conséquent libre de désir, de faim, de jouissance éphémère et d'activité entravée. Ce qui est désir ici doit être là Amour existant en soi ; ce qui est ici faim doit être là satisfaction sans désir ; ce qui est ici jouissance doit être là délice existant en soi ; ce qui est ici action tâtonnante doit être là énergie se possédant soi-même – telle doit être la Vie de notre vie

1. Tous ces sens sont dans l'esprit des *rishis* védiques quand ils emploient le mot *ashva*, cheval, pour désigner le *prâna* – le radical s'appliquant à tous, comme on peut le voir par les mots : *âsha*, espoir ; *ashanâ*, faim ; *ash*, manger ; *ash*, jouir ; *âshu*, rapide ; *ash*, se mouvoir, atteindre, pénétrer, etc.

par quoi cette action inférieure est soutenue et conduite à son but. Brahman ne respire pas avec l'haleine, ni ne vit par cette force vitale et sa dualité de naissance et de mort.

Quelle est donc cette Vie de notre vie ? C'est l'Énergie[1] suprême qui n'est rien autre que la force infinie en action du suprême Être conscient en Son propre moi illuminé. L'Existant en soi est lumineusement conscient de soi et plein de Son propre délice ; et cette conscience de Soi est une possession de soi hors du temps qui, en action, se révèle comme une force de conscience infinie, omnipotente aussi bien qu'omnisciente ; car elle existe entre deux pôles, l'un d'immobilité éternelle et de pure identité, l'autre d'énergie éternelle et d'identité de Tout avec elle, l'immobilité supportant éternellement l'énergie. C'est cela qui est la vraie existence, la Vie de quoi procède notre vie ; c'est cela qui est l'immortalité, tandis que ce à quoi nous nous cramponnons en l'appelant la vie, c'est « la faim qui est la mort ». Aussi le sage doit-il avoir pour but de passer, en sa conscience illuminée, par-delà les termes faux et d'ordre phénoménal de vie et de mort, jusqu'en cette immortalité.

Et cependant cette force de Vie, tout inférieure qu'elle soit en ses activités, est imprégnée par l'être, la volonté, la lumière de ce qu'elle représente, de ce qui la dépasse ; par Cela elle est « menée en avant » sur sa route vers un but que sa propre existence implique par les imperfections

---

1. Tapas ou chit-shakti.

mêmes de ses mouvements et de ses transpositions. Cette mort appelée vie n'est pas seulement une face sombre de cette lumière, mais c'est le passage qui mène, par une transmutation de notre être, du sommeil éternel de la Matière en l'immortalité infinie de l'esprit.

XI

La pensée de l'Upanishad, telle qu'elle est exprimée dans cette première partie, en ces phrases concises et riches du style upanishadique, se ramène donc à ceci : que la vie du mental, des sens, des activités vitales en quoi nous demeurons, n'est pas le tout ni la partie principale de notre existence, n'est pas le plus haut, n'est pas existant en soi, n'est pas maître de soi ; c'est une frange extérieure, un résultat inférieur, un jeu inférieur de quelque chose qui est au-delà ; une Existence supraconsciente a fait apparaître, soutient et gouverne cette conscience, cette activité du mental, de la vie et des sens, partielle et fragmentaire, incomplète et non satisfaisante. Sortir de cette conscience extérieure et superficielle, monter vers ce supraconscient et entrer en lui, c'est là notre progrès, notre but, notre destinée d'achèvement et de satisfaction.

L'Upanishad n'affirme pas l'irréalité de notre existence présente, mais seulement son caractère incomplet et inférieur. Tout ce qu'ici nous recherchons est une représentation inadéquate, un fonctionnement fragmenté et divisé de l'existence. Notre mental, incapable de posséder son objet, tâtonnant, myope, assiégé par l'erreur et l'incapacité, son action fondée sur une vision extérieure des choses, n'est que l'ombre projetée par une connaissance supraconsciente qui possède, crée et emploie avec sûreté la vérité des choses parce que rien ne lui est extérieur, rien n'est autre qu'elle-même, rien n'est divisé ou en lutte au sein de sa conscience de soi qui embrasse tout. Cela, c'est le Mental de notre mental. Notre parole, limitée, mécanique, interprète imparfait de l'extérieur des choses, resserrée en l'étroit cercle du mental, basée sur les apparences des sens, n'est qu'une réponse lointaine et faible, l'écho vibratoire ignorant d'un Verbe créateur et révélateur qui a érigé toutes les formes que notre mental et notre parole cherchent à comprendre et à exprimer. Nos sens, mouvement dans la substance même de la conscience vibrant aux excitations extérieures, essayant imparfaitement de les saisir par des réactions convergentes, séparées et laborieuses, ne sont qu'une image défectueuse d'un Sens suprême qui, immédiatement, pleinement, harmonieusement, s'unit et trouve jouissance à tout ce que le Mental et le Verbe suprêmes créent dans l'activité joyeuse en soi de l'existence divine et infinie. Notre vie, souffle de force, de mouvement et de possession, attachée à une forme de mental et de corps et resserrée par la forme, limitée en sa force, entravée en son mouvement, assiégée en sa possession, et par conséquent chose de discordes en lutte avec soi-même et avec son milieu, affamée et insatisfaite, passant inconstante d'objet en objet et incapable d'embrasser et de retenir leur multiplicité, dévorant ses objets de jouissance et par conséquent éphémère en ses jouissances – notre vie n'est qu'un mouvement fragmenté de la Vie une, indivisée, infinie, qui possède tout et qui est à jamais satisfaite parce qu'en tout elle jouit de son moi éternel non emprisonné par les divisions de l'espace, non occupé par les moments du Temps, non leurré par les successions de causes et de circonstances.

Cette Existence supraconsciente, une, consciente de soi, consciente à la fois de sa paix éternelle et de sa force omnisciente et omnipotente, est aussi consciente de notre existence cosmique qu'elle renferme en elle, qu'elle inspire secrètement et gouverne avec omnipotence. Elle est le Seigneur de l'Ishâ Upanishad qui habite toutes les créations de Sa Force, toute forme de mouvement dans le principe toujours mouvant du cosmos. Elle est notre moi, elle est ce qui bâtit et ce dont sont bâtis, en chacun de nous, notre être et nos activités – elle est Brahman. La vie mortelle est une représentation double de Cela, avec, en elle, deux éléments contraires, un négatif et un positif. Ses éléments négatifs, mort, souffrance, incapacité, lutte, division, limitation, sont une face sombre qui cache et sert le développement de ce que ses éléments positifs ne peuvent pas encore réaliser – immortalité se dérobant à la vie sous le masque de la mort, délice se dérobant au plaisir sous le masque de la souffrance, force infinie se dérobant à l'effort fini sous le masque de l'incapacité, union d'amour se dérobant au désir sous le masque de la lutte, unité se dérobant à l'acquisition sous le masque de la division, infinité se dérobant à la croissance sous le masque de la limitation. Les éléments positifs suggèrent ce qu'est le Brahman, mais ne sont jamais ce qu'est le Brahman, bien que leur victoire, la victoire des Dieux, soit toujours la victoire du Brahman sur ses propres négations de soi, soit toujours Sa propre affirmation de Son immensité contre les négations de la face sombre et limitée des choses. Cependant ce n'est point seulement cette immensité, c'est l'absolue infinité qui est le Brahman même. Et c'est pourquoi, en deçà de cette face duelle des choses, nous ne pouvons atteindre à notre moi, à notre culmination ; il nous faut passer outre afin d'atteindre. Notre poursuite des éléments positifs de cette existence – notre culte des Dieux du mental, de la vie, des sens – n'est qu'un préliminaire à l'enfantement réel par l'âme ; il nous faut abandonner le Brahman inférieur et connaître le Suprême si nous voulons réaliser l'accomplissement de nous-mêmes. Nous poursuivons, par exemple, notre croissance mentale, nous devenons des êtres mentaux pleins d'une puissance de pensée, d'une acquisition de pensée accomplies, *dhîrâh*, afin de pouvoir, par la pensée du mental, passer par-delà le mental même et atteindre l'Éternel. Car la vie du mental et des sens est toujours le domaine de la mort et de la limitation ; au-delà est l'immortalité.

Aussi les sages, les âmes qui ont leur siège et leur accomplissement dans la lumineuse puissance de la pensée, répudient-ils les dualités de notre mental, de la vie et des sens, et avancent, laissant derrière eux ce monde ; ils vont au-delà jusqu'à l'unité et l'immortalité. Le terme employé pour exprimer cette marche en avant est celui qui exprime le passage par la mort ; c'est aussi celui qu'emploie l'Upanishad pour exprimer le mouvement en avant, sur les chemins de la vie, de la force de Vie attelée au char du mental et des sens incarnés. Et nous pouvons trouver en cette coïncidence une suggestion double et des plus fécondes.

Ce n'est pas en abandonnant la vie sur terre afin de poursuivre l'immortalité sur d'autres plans d'existence plus favorables qu'on rend possible le grand accomplissement. C'est ici, *ihaiva*, en cette vie et en ce corps mortels que l'immortalité doit être conquise, c'est ici, en ce Brahman inférieur et par cette âme incarnée, que le Supérieur doit être connu et possédé. « Si l'on n'a pas ici-bas atteint cette connaissance, grande alors est la perdition. » Cette force de vie en nous, conduite par l'attraction de la Vie suprême, avance sur son chemin d'acquisition constante à travers diverses conceptions du Brahman jusqu'à ce qu'elle atteigne un point où elle doit aller de l'avant, entièrement, sortir de la vie mortelle, de la vision mortelle des choses pour aller vers quelque Au-delà. Tant que la mort n'est pas entièrement conquise, ce passage au-delà est représenté en termes de mort et comme un passage en d'autres mondes où la mort n'est point présente, où l'on goûte une sorte d'immortalité correspondant à ce que nous avons sur cette terre expérimenté en notre âme ; mais l'attraction de la mort et de la limitation n'est point dépassée, parce que mort et limitations recèlent encore quelque chose de l'immortalité et de l'infinité non encore réalisées ; d'où la nécessité du retour, une utilité obstinée de la vie continuée dans le corps mortel que nous ne surmontons pas avant d'avoir atteint, par-delà toutes les formes, l'être même de l'Infini, un et immortel.

Les mondes dont parle l'Upanishad sont essentiellement des conditions d'âme et non point des régions géographiques du cosmos. Cet univers matériel n'est lui-même l'existence telle que nous la voyons que lorsque l'âme demeure sur le plan du mouvement et de l'expérience matériels en lesquels l'Esprit s'engage dans la forme, et par conséquent tout le cadre des choses en quoi il se meut de par la vie et qu'il embrasse par la conscience est déterminé par le principe de division et d'agrégation infinies, propres à la Matière, à la substance de la forme. C'est ce qui devient alors son monde, sa vision des choses. Et à quelque condition d'âme qu'il s'élève, sa vision des choses changera pour correspondre à cette condition, et c'est en ce cadre qu'il devra se mouvoir en sa vie, c'est ce cadre qu'il devra embrasser en sa conscience. Tels sont les mondes de l'antique tradition.

Mais l'âme qui a réalisé entièrement l'immortalité passe au-delà de tous les mondes et elle est libre de tout cadre. Elle entre dans l'être du Seigneur ; comme ce Brahman, ce Moi suprême supraconscient, elle est non soumise à la vie et à la mort. Elle n'est plus sujette à la nécessité d'entrer dans le cycle des renaissances, de voyager sans cesse entre les dualités qui la tiennent captive – mort et naissance, affirmation et négation ; car elle a dépassé nom et forme. Cette victoire, cette immortalité suprême, elle doit la réaliser ici, en tant qu'âme incarnée dans le cadre mortel des choses. Après, comme le Brahman, elle dépasse et embrasse l'existence cosmique sans lui être sujette. La liberté personnelle, l'accomplissement personnel sont alors réalisés par la libération de l'âme qui était captive dans la forme de cette personnalité changeante et son ascension jusqu'à l'Un qui est le Tout. Si, par la suite, est revêtue encore l'apparence de la mortalité, c'est un vêtement et non point une servitude ; c'est une aide apportée au monde et non point une aide à obtenir du monde ; c'est une descente de l'existence supraconsciente qui revêt une âme non par nécessité personnelle, mais à cause de l'universel besoin, dans le labeur cosmique, pour ceux qui ne sont pas encore libérés, pas encore réalisés, de recevoir aide et force de la force même qui a déjà, en son expérience, parcouru cette voie jusqu'au but et accompli dans les mêmes conditions l'Œuvre et le Sacrifice.

XII

Une autre question, préliminaire, se pose avant que nous puissions aborder le grand problème : comment, étant ce que nous sommes et le Brahman étant ce qu'il est, pouvons-nous passer de la condition mentale, vitale et sensorielle propre à l'homme à la condition propre à la Conscience suprême qui est souveraine du mental, de la vie et des sens ? L'Upanishad ne la pose pas explicitement, mais elle l'implique, et elle y répond en insistant très fortement sur la solution, en réitérant avec la plus subtile variété le paradoxe apparent qu'elle contient.

La Conscience-souveraine du Brahman est Cela pour quoi nous devons abandonner cette condition inférieure de simple créature sujette au mouvement de la Nature dans le cosmos ; mais, en somme, cette Conscience-souveraine, si haute et si grande qu'elle puisse être, a un rapport avec l'univers et le mouvement cosmique ; elle ne peut être l'Absolu parfait, le Brahman supérieur à toutes les relativités. Cet Être-Conscient qui engendre, supporte et gouverne notre mental, notre vie, nos sens, est le Seigneur, mais là où n'existe pas d'univers de relativité, il ne peut y avoir le Seigneur, car il n'est point de mouvement à dépasser et à gouverner. Ce Seigneur n'est-il pas alors – comme on dirait dans les termes d'une philosophie ultérieure – moins le créateur de Mâyâ que lui-même une création de Mâyâ ? Le

Seigneur et le cosmos ne disparaissent-ils pas tous deux quand nous passons par-delà tout cosmos ? Et n'est-ce pas au-delà de tout cosmos qu'existe le seule vraie réalité ? N'est-ce pas cette seule vraie réalité, et non point le Mental de notre mental, le Sens de nos sens, la Vie de notre vie, le Verbe derrière notre parole, qu'il nous faut connaître et posséder ? De même que nous devons découvrir, derrière tous les effets, la Cause, ne devons-nous pas également aller, par-delà la Cause, vers ce en quoi n'existent ni cause ni effets ? L'immortalité même dont il est parlé dans le Véda et les Upanishads n'est-elle pas chose insignifiante, qui doit être outrepassée et abandonnée ? Et ne devons-nous pas tendre vers l'Ineffable absolu où mortalité et immortalité cessent d'avoir un sens ?

L'Upanishad ne pose pas elle-même la question sous cette forme et en ces termes – devenus possibles seulement après que le « nihilisme » bouddhique et l'« illusionnisme » védântique eurent passé sur la face de notre pensée et modifié notre vocabulaire et nos conceptions philosophiques. Mais elle n'ignore pas cet Absolu ineffable qui est la réalité dernière et absolue du Seigneur comme le Seigneur est l'absolu de tout ce qui est dans le cosmos. C'est de Cela qu'elle se met à parler de la seule manière dont puisse en parler le mental humain.

Sa réponse au problème est que Cela, c'est précisément l'Inconnaissable[1] de qui nul rapport ne

---

1. *Ajneyam atarkyam.*

peut être affirmé[1] et sur qui, par conséquent, notre intellect doit être à jamais silencieux. L'injonction de connaître l'absolument Inconnaissable serait dénuée de sens ou de signification pratique. Non que Cela soit un Néant, une pure Négation, mais il ne peut être décrit par aucun des termes positifs dont notre mental, notre parole ou notre perception sont susceptibles, ni même indiqué par aucun d'eux. Nous ne connaissons que peu ; c'est seulement dans les catégories de ce peu que nous pouvons faire entrer notre connaissance. Même si nous pénétrons au-delà jusqu'à la forme réelle du Brahman qui n'est pas cet univers, nous ne pourrons qu'indiquer, nous ne pourrons pas réellement décrire. Si donc nous pensons que nous le connaissons parfaitement, nous trahissons notre ignorance ; nous montrons que nous savons très peu en vérité, même pas le peu que nous pouvons revêtir des formes de la connaissance. Car l'univers, c'est le petit, le divisé, c'est le morcellement de l'existence et de la conscience en lesquelles nous connaissons et exprimons les choses par fragments, et nous ne pouvons jamais réellement encager la totalité infinie dans nos fictions intellectuelles et verbales. Et cependant, c'est à travers les principes manifestés dans l'univers qu'il nous faut arriver à Cela, à travers la vie, le mental et cette connaissance qui se saisit des Idées fondamentales qui sont comme des portes cachant derrière elles le Brahman et qui pourtant semblent Le révéler.

1. *Avyavahâryam.*

Si nous ne pouvons connaître qu'ainsi la Conscience-souveraine qui est la forme du Brahman, encore moins, donc, pouvons-nous prétendre connaître sa complète et ineffable réalité qui est par-delà toute connaissance. Mais, s'il n'y avait rien d'autre, il n'y aurait aucun espoir pour l'âme, et le dernier mot de la sagesse serait un agnosticisme résigné. La vérité, c'est que le Suprême – bien qu'il soit ainsi par-delà notre mentalité et notre connaissance – Se donne à la fois à notre connaissance et à notre mentalité par la voie propre à chacune, et il nous est possible, en suivant cette voie, d'arriver à Lui, mais seulement à la condition de ne pas prendre pour la vraie connaissance le fait de saisir par notre mental et de connaître par notre pensée supérieure, et de ne pas nous reposer dans la satisfaction de posséder.

La voie, c'est d'employer correctement notre mental pour acquérir la sorte de connaissance qui est ouverte à ses capacités purifiées les plus hautes. Il nous faut connaître la forme du Brahman, la Conscience-souveraine du Seigneur, à travers et cependant par-delà l'univers en lequel nous vivons. Mais d'abord il nous faut écarter ce qui, dans l'univers, est seulement forme et phénomène ; car cela n'a aucun rapport avec la forme du Brahman, le corps du Moi, puisque ce n'est pas Sa forme, mais seulement Son masque le plus extérieur. Notre premier pas doit donc être de pénétrer derrière les formes de la Matière, les formes de la Vie, les formes du Mental, et de retourner à ce qui est essentiel, à ce qui est le plus réel, le plus près de la véritable entité. Et à force d'éliminer ainsi, à force d'analyser ainsi toutes les formes afin d'en dégager les entités fondamentales du cosmos, nous découvrirons que ces entités fondamentales ne sont réellement que deux, nous-mêmes et les Dieux.

On a supposé que les Dieux des Upanishads étaient les symboles des sens ; mais, bien qu'ils agissent dans les sens, ils sont bien plus que les sens. Ils représentent la puissance divine dans les grandes manifestations cosmiques fondamentales, que ce soit dans l'homme ou en général dans le mental et la vie et la matière ; ils ne sont pas ces manifestations mêmes, mais quelque chose du Divin qui est essentiel à leur jeu, qui en est la cause et le possesseur immédiat. Ils sont – comme le montrent d'autres Upanishads – des représentations de soi positives du Brahman menant au bien, à la joie, à la lumière, à l'amour, à l'immortalité, s'opposant à toute obscure négation de ces choses. Et c'est nécessairement dans le mental, la vie, les sens et la parole de l'homme que la bataille atteint son paroxysme et s'approche de sa pleine signification. Les Dieux cherchent à mener mental, vie, sens, parole vers le bien et la lumière ; les Titans, fils des ténèbres, cherchent à les transpercer par l'ignorance et le mal[1]. Derrière les Dieux est la Conscience-souveraine dont ils sont les cosmiques et positives représentations de soi.

---

1. Chhandogya Upanishad et Brihadâranyaka Upanishad.

L'autre entité qui représente le Brahman dans le cosmos est le moi de la créature vivante et pensante, l'homme. Ce moi n'est pas, non plus, un masque extérieur ; ce n'est pas une forme du mental, une forme de la vie, une forme du corps. C'est quelque chose qui supporte ces formes et les rend possibles, quelque chose qui peut dire positivement, comme les Dieux, « Je suis », et non pas seulement « Je semble ». Il nous faut donc examiner ces deux entités et voir ce qu'elles sont dans leurs rapports entre elles et avec le Brahman ; ou, comme dit l'Upanishad, « Ce qui de Lui est toi, ce qui de Lui est dans les Dieux, Cela tu dois tâcher de Le comprendre ». Qu'est-ce donc du Brahman qui est moi ? et qu'est-ce donc du Brahman qui est dans les Dieux ? La réponse est évidente. Je suis une représentation dans le cosmos, mais, pour tous les desseins du cosmos, une représentation réelle du Moi ; et les Dieux sont une représentation dans le cosmos – une représentation réelle, puisque sans eux le cosmos ne pourrait durer – une représentation du Seigneur. Le Moi suprême unique est l'essence de toutes ces existences individuelles ; le Seigneur suprême unique est le Divin dans les Dieux.

Le Moi et le Seigneur sont un Brahman unique, que nous pouvons réaliser à travers nous-même, ou réaliser à travers ce qui est essentiel dans le mouvement cosmique. De même que notre moi construit notre mental, notre corps, notre vie, nos sens, de même ce Moi construit tout mental, tout corps, toute vie, tous sens ; il est l'origine et l'essence des choses. De même que les Dieux, supportés par notre moi, gouvernent le cosmos de notre être individuel, l'action de notre mental, de nos sens et de notre vie, de même le Seigneur, Mental du mental, Sens des sens, Vie de la vie, gouverne tout cosmos et toute forme d'être, supportant Sa divinité active par Son essentiel être-soi silencieux. De même que nous avons pénétré derrière les formes du cosmos jusqu'à ce qui est essentiel en leur être et en leur mouvement, et découvert notre moi et les Dieux, de même devons-nous pénétrer derrière notre moi et les Dieux et découvrir le Moi suprême unique et le Divin suprême unique. Alors nous pouvons dire : « Je pense qu'il est connu de moi. »

Mais il nous faut aussitôt faire une réserve : je ne pense pas que je connaisse parfaitement, car cela est impossible étant donnés nos instruments de connaissance. Je ne pense pas une seconde qu'il me soit possible de connaître l'Inconnaissable, qu'on puisse Le faire entrer dans les formes à travers lesquelles je dois passer pour arriver au Moi, au Seigneur ; toutefois je ne suis plus dans l'ignorance, je connais le Brahman de la seule façon dont je puisse Le connaître, en la révélation qu'Il me fait de soi en des termes qui ne sont pas hors de portée de ma psychologie, manifesté comme Moi et Seigneur. Le mystère de l'existence est révélé d'une manière qui satisfait entièrement mon être parce qu'il me permet d'abord de le comprendre à travers ces images dans la mesure où il peut être compris par moi, et, secondement, de pénétrer, de vivre dans le Brahman, d'être un en Lui et en être avec Lui et même de me fondre en Lui.

Si nous imaginons que nous avons, par le mental, saisi ce Brahman, et, ainsi abusés, si nous limitons notre connaissance de Lui aux termes découverts par notre mentalité, alors notre connaissance n'est point connaissance ; c'est la connaissance restreinte qui se transforme en fausseté. De même, ceux qui essaient de Le faire cadrer avec notre conception des idées fondamentales en lesquelles nous Le discernons par la pensée s'élevant au-dessus de la perception mentale ordinaire, n'ont point de discernement réel du Brahman, puisqu'ils prennent pour la Réalité certaines idées-symboles. Au contraire, si nous reconnaissons que nos perceptions mentales ne sont qu'autant de fils par lesquels nous pouvons nous élever au-dessus de la perception mentale, et si nous employons ces idées-symboles et la combinaison qu'en fait notre pensée afin d'atteindre, par-delà le symbole, la réalité, alors nous avons correctement employé le mental et le discernement supérieur selon leur suprême dessein. Le mental et le discernement supérieur sont satisfaits du Brahman, en cela même qu'ils sont par Lui dépassés.

Le mental ne peut que refléter, en une sorte de compréhension et d'éveil suprêmes, la forme, l'image du suprême telle qu'elle se montre à notre mentalité. À travers ce reflet nous découvrons, nous connaissons ; le dessein de la connaissance est accompli, car nous trouvons l'immortalité, nous entrons dans la loi, l'être, la béatitude de la conscience du Brahman. En réalisant le Brahman comme notre moi, nous trouvons la force, l'énergie divine qui nous soulève par-delà la limitation, la faiblesse, l'obscurité, le chagrin, la mort répandus partout dans notre existence mortelle ; par la connaissance du Brahman unique en tous les êtres et en tout le mouvement varié du cosmos, nous atteignons, par-delà ces choses, l'infinité, l'être omnipotent, la lumière omnisciente, la pure béatitude de cette existence divine.

Et ce grand accomplissement doit être réalisé ici, en ce monde mortel, en ce corps limité ; car alors nous parviendrons à notre existence vraie et ne serons plus enchaînés et limités à notre devenir phénoménal ; mais si nous n'y parvenons pas ici-bas, grandes sont la perte et la perdition ; car nous demeurons sans cesse immergés dans la vie phénoménale du mental et du corps et ne pouvons la dépasser pour monter en la vraie existence supramentale. Et si nous ne le réalisons pas ici-bas, la mort ne nous le donnera pas par notre passage en un monde différent et moins difficile. Ceux-là seuls qui emploient leur pensée éveillée et éclairée pour distinguer et découvrir cet Un, Immortel en toutes les existences, le moi générateur de tout, le Seigneur qui demeure en tout, ceux-là seuls peuvent franchir le vrai passage par-delà vie et mort, peuvent sortir de cette condition mortelle, s'avancer au-delà et s'élever en une immortalité au-delà du monde.

Tels sont donc le moyen à saisir et le but à atteindre et il n'en est point d'autre. « Il n'est point d'autre voie pour le grand voyage. » Le Moi et le Seigneur sont ce Parabrahman indéterminable, inconnaissable, ineffable ; et quand nous cherchons plutôt ce qui nous est indéterminable et inconnaissable, c'est pourtant toujours le Moi et Seigneur que nous trouvons, bien que ce soit par un effort qui n'est pas la route directe ni la seule route possible destinée à l'âme incarnée cherchant ici à réaliser sa vraie existence[1]. Le Moi et Seigneur sont la Réalité se manifestant soi-même qui se présente ainsi devant l'homme comme l'objet de sa plus haute aspiration et la réalisation de toutes ses activités.

XIII

Après avoir affirmé la connaissabilité relative du Brahman inconnaissable et justifié cette aspiration de l'âme vers ce qui est au-delà de sa capacité et de sa condition présentes, l'Upanishad en vient aux moyens par quoi cette haute aspiration peut se mettre en rapport avec l'objet de sa recherche. Comment pénétrer à travers le voile ? Comment la conscience sujette de l'homme peut-elle entrer dans la conscience-souveraine du Seigneur ? Quel pont y a-t-il sur ce gouffre ? La connaissance a déjà été indiquée comme le moyen suprême à nous offert, une connaissance qui commence par une sorte de réflexion de l'existence véritable dans la compréhension mentale éveillée. Mais le Mental est l'un des Dieux ; la Lumière qui est derrière lui est en vérité le plus grand des

1. Bhagavad-Gîtâ.

Dieux, Indra. Puis un éveil de tous les Dieux, par le plus grand d'entre eux, à l'essence de cela même qu'ils sont, le Divin unique qu'ils représentent. La mentalité s'ouvrant à l'Esprit de notre mental, les sens et la parole aussi s'ouvriront au Sens de nos sens, et au Verbe qui est derrière notre parole, et la vie s'ouvrira à la Vie de notre vie. L'Upanishad va développer cette conséquence de sa suggestion fondamentale par une parabole, un apologue frappant.

Les Dieux, les puissances affirmatrices du Bien, de la Lumière, de la Joie et de la Beauté, de la Force et de la Maîtrise, se sont trouvés victorieux dans leur éternelle bataille avec les puissances de négation. C'est Brahman qui se tenait derrière les Dieux et qui a vaincu pour eux ; le Maître de tout, qui guide tout, a jeté dans la balance Sa volonté décisive, abaissé ses enfants enténébrés et exalté les enfants de Lumière. En cette victoire du Maître de tout, les Dieux ont conscience d'un puissant développement d'eux-mêmes, d'une floraison splendide de leur grandeur en l'homme, de leur joie, leur lumière, leur gloire, leur puissance et leur plaisir. Mais leur vision est encore fermée, scellée à leur profonde vérité propre ; ils se connaissent eux-mêmes, ils ne connaissent pas l'Éternel ; ils connaissent les divinités, ils ne connaissent pas Dieu. Aussi voient-ils la victoire comme leur victoire, la grandeur comme leur grandeur. Cet opulent épanouissement des Dieux, cette élévation de leur grandeur et de leur lumière, c'est le progrès de l'homme vers son idéal ordinaire d'une mentalité parfaitement éclairée, une vitalité forte et saine, un corps et des sens en bon ordre, une vie harmonieuse, riche, active et heureuse, l'idéal hellénique que le monde moderne tient pour notre plus haute possibilité. Quand survient un tel épanouissement, dans l'individu ou dans la collectivité, les Dieux en l'homme deviennent lumineux, forts, heureux ; ils sentent qu'ils ont conquis le monde, et aussitôt ils le partagent entre eux et en jouissent.

Mais tel n'est pas le dessein complet du Brahman dans l'univers ni dans la créature. La grandeur des Dieux est Sa propre victoire, Sa propre grandeur, et elle n'est donnée qu'afin de permettre à l'homme de s'approcher du point où ses facultés seront assez fortes pour se dépasser elles-mêmes et réaliser le Transcendant. C'est pourquoi Brahman Se manifeste devant les Dieux exultants en leur monde bien ordonné et leur pose, par Son silence, la question qui ébranle le cœur, qui ébranle le monde : « Si vous êtes tout ce qui est, alors que suis-Je ? Car, voyez, Je suis, et Me voici. » Bien qu'Il se manifeste, Il ne se révèle pas, mais Il est vu et senti par eux comme une vague présence formidable, le Yaksha, le Daïmon, l'Esprit, la puissance inconnue, le Terrible par-delà le bien et le mal pour qui bien et mal sont des instruments en vue de Son expression de soi finale. Alors il y a dans la divine assemblée alarme et confusion ; les Dieux sentent une exigence et une menace ; ils sentent, du côté du mal, la possibilité de pouvoirs effroyables et monstrueux, jamais connus encore et jamais maîtrisés, qui vont peut-être détruire le beau monde qu'ils ont construit, soulever et fracasser la brillante harmonie de l'intellect, de l'esprit esthétique, de la nature morale, des désirs vitaux, du corps et des sens qu'ils ont si laborieusement établie ; et, du côté du bien, des exigences inconnues qui dépassent ces choses, et qui, par conséquent, sont également une menace, puisque le peu qui est réalisé ne peut lutter contre le beaucoup qui est non réalisé, ne peut barrer la route à ce vaste, à cet infini qui presse contre les murs fragiles que nous avons érigés pour définir et abriter notre être et notre plaisir limités. Brahman se présente aux Dieux comme l'Inconnu ; les Dieux ne savaient ce qu'était ce Daïmon.

C'est pourquoi Agni se leva à leur demande, le premier, afin de découvrir Sa nature, Ses limites, Son identité. Les Dieux de l'Upanishad diffèrent des Dieux du Rig-Véda sur un point de toute importance : ces derniers ne sont pas seulement des pouvoirs de l'Un, mais ils sont conscients de leur source et de leur véritable identité, ils connaissent le Brahman, ils demeurent dans le Suprême Divin ; leur origine, leur demeure et leur plan propre sont la Vérité supraconsciente. Il est vrai qu'ils se manifestent en l'homme sous la forme des facultés humaines et assument l'apparence des limitations humaines ; il est vrai qu'ils se manifestent dans le cosmos inférieur et entrent dans le moule de ses opérations cosmiques ; mais ce n'est que leur moindre mouvement, leur mouvement inférieur, au-delà de quoi ils sont à jamais l'Un, le Transcendant et Merveilleux, le Maître de Force et de Délice et de Connaissance et d'Être. Mais dans les Upanishads, l'idée du Brahman a grandi et a fait perdre aux Dieux cette prééminence, si bien qu'ils apparaissent seulement dans leur jeu humain cosmique inférieur. Ils conservent beaucoup de leurs autres aspects védiques. Les trois Dieux Indra, Vâyu, Agni, représentent dans l'Upanishad le Divin cosmique sur chacun de ses trois plans, Indra sur le plan mental, Vâyu sur le vital, Agni sur le matériel. C'est dans cet ordre, par conséquent, en commençant par le plan matériel. qu'ils approchent le Brahman.

Agni est la chaleur et la flamme de la forme consciente dans la Matière, qui a érigé l'univers ; c'est lui qui a rendu possibles la vie et le mental et les a fait apparaître dans l'univers matériel où il est la plus grande divinité. Il est particulièrement le promoteur premier de la parole dont Vâyu est le moyen et Indra le Seigneur. Cette chaleur de force consciente dans la Matière est Agni Jâtavedas, Celui-qui-connaît-toutes-naissances ; de toutes les choses nées, de tout phénomène cosmique, il connaît la loi, le processus, les limites, les rapports. Si donc c'est quelque Naissance puissante dans le cosmos qui se trouve devant les Dieux, quelque indéterminé nouveau qui est apparu au cours du déroulement et de la lutte cosmique, qui doit le connaître, déterminer ses limites, sa force, ses possibilités, sinon Agni Jâtavedas ?

Confiant en soi, il s'élance vers l'objet de sa recherche et il se heurte au défi : « Qui es-tu ? Quelle est la force qui est en toi ? » Son nom est

Agni Jâtavedas, la puissance qui est à la base de toute naissance, de tout mouvement dans l'univers matériel, qui embrasse et connaît leurs activités, et la force en lui est telle que tout ce qui ainsi prend naissance, il peut, lui, flamme du Temps et de la Mort, le dévorer. Toutes choses sont sa nourriture, qu'il assimile et transforme en matériaux d'une nouvelle formation, d'une nouvelle naissance. Mais cet universel Dévoreur, avec toute sa force, ne peut dévorer un frêle brin d'herbe tant que le brin d'herbe a derrière lui la puissance de l'Éternel. Agni est contraint de revenir, sans avoir trouvé. Une seule chose est certaine, c'est que ce Daïmon n'est pas une Naissance dans le cosmos matériel, une chose éphémère sujette à la flamme et au souffle du Temps ; il est trop grand pour Agni.

Un autre Dieu se lève à l'appel. C'est Vâyu Mâtarishvan, le vaste principe de Vie, lui qui se meut, respire, se répand à l'infini dans l'élément-mère. Toutes choses dans l'univers sont le mouvement de cette Vie puissante ; c'est lui qui a suscité Agni et l'a secrètement placé en toute existence ; c'est pour lui que les mondes ont été érigés afin que la Vie puisse se mouvoir en eux, s'y ébattre et y jouir. Si ce Daïmon n'est point une Naissance de Matière, mais quelque prodigieuse Force de Vie active dans les profondeurs comme dans les hauteurs de l'être, qui doit le connaître, qui doit le saisir, en son universelle expansion, si ce n'est Vâyu Mâtarishvan ?

Et c'est la même marche confiante vers l'objet, le même formidable défi : « Qui es-tu ? Quelle est la force qui est en toi ? » C'est Vâyu Mâtarishvan, et la puissance en lui est telle que lui, la Vie, peut prendre, en sa croissance, toutes choses sans effort, et s'en emparer pour les dominer et en jouir. Mais même le plus frêle petit rien, il ne peut le saisir et le dominer tant que le protège contre lui le bouclier de l'Omnipotent. Vâyu revient, lui aussi, sans avoir trouvé. Une seule chose est certaine, c'est que Cela n'est aucune sorte de forme ou de force de Vie cosmique se mouvant dans les limites de l'impulsion vitale capable de tout saisir ; il est trop grand pour Vâyu.

Alors se lève Indra, le puissant, l'Opulent. Indra est la puissance du Mental ; les sens que la Vie emploie pour jouir sont des opérations d'Indra qu'il dirige en vue de la connaissance, et toutes les choses qu'Agni a érigées et qu'il supporte et détruit dans l'univers sont le domaine d'Indra et le sujet de ses activités. Si donc cette existence inconnue est quelque chose que les sens peuvent saisir, si c'est quelque chose que le mental peut envisager, Indra doit le connaître et l'agréger à ses possessions opulentes. Mais ce n'est rien que les sens puissent saisir ou le mental envisager, car, dès qu'Indra l'approche, cela s'évanouit. Le mental ne peut envisager que ce qui est limité par le Temps et l'Espace, et ce Brahman est – comme il est dit dans le Rig-Véda – ce qui n'est ni aujourd'hui ni demain, et, bien qu'il se meuve et puisse être approché en l'être conscient de toutes les existences conscientes, cependant, quand le mental essaie de l'approcher et de l'étudier en soi, il disparaît de la vue du mental. L'Omniprésent ne peut être saisi par les sens, l'Omniscient ne peut être connu par la mentalité.

Mais Indra n'abandonne pas la recherche comme Agni et Vâyu ; il poursuit sa route à travers le plus haut éther de la pure mentalité, et là il rencontre la Femme, Umâ Haimavatî, aux splendeurs nombreuses ; d'elle il apprend que ce Daïmon est le Brahman par qui seul les Dieux du mental, de la vie et du corps vainquent et s'affirment, et en qui seul ils sont grands. Umâ est la Nature suprême d'où toute l'action cosmique prend naissance ; elle est le pur sommet et la puissance la plus haute de l'Un qui resplendit ici-bas en des formes diverses. C'est de cette Nature suprême qui est aussi la Conscience suprême que les Dieux doivent apprendre leur propre vérité, et cela en la réfléchissant en eux-mêmes au lieu de se limiter à leur propre mouvement inférieur. Car elle a la connaissance et la conscience de l'Un, tandis que la nature inférieure du mental, de la vie et du corps ne peut envisager que le multiple. Aussi, bien qu'Indra, Vâyu et Agni soient les plus grands des Dieux – le premier parvenant à connaître l'existence du Brahman, les autres l'approchant, le touchant – cependant ce n'est qu'en prenant contact avec la conscience suprême et en réfléchissant sa nature, ce n'est qu'en éliminant l'égoïsme vital, mental et physique de telle sorte que tout leur rôle soit de réfléchir l'Un et Suprême, que les Dieux en nous peuvent connaître et posséder le Brahman. La force consciente qui supporte notre vie incarnée doit devenir purement et simplement un réflecteur de cette Conscience suprême, de cette puissance suprême dont sa plus haute action ordinaire n'est qu'une image crépusculaire ; la Vie doit devenir une réflexion passivement puissante, une pure image de cette Vie suprême qui est plus grande que toute notre plus grande vitalité présente et potentielle ; le Mental doit se résigner à n'être rien d'autre qu'un miroir fidèle pour l'image de l'Existence supraconsciente. Par cette offrande consciente du mental, de la vie et des sens au Maître de nos sens, de notre vie et de notre mental, qui seul gouverne réellement leur action, par cette transformation de l'existence cosmique en une réflexion passive de l'être éternel, en un miroir fidèle de la nature de l'Éternel, nous pouvons espérer connaître – et, par la connaissance, pénétrer – ce qui pour nous est supraconscient ; nous entrerons alors dans le Silence qui est maître d'une activité éternelle infinie, libre et toute bienheureuse.

XIV

Le moyen de connaître le Brahman est, nous l'avons vu, de revenir derrière les formes de l'univers jusqu'à ce qui est essentiel dans le cosmos – et ce qui est essentiel est double : les Dieux dans la Nature et le Moi dans l'individu – puis de découvrir derrière les Dieux et le Moi le Transcendant qu'ils représentent. Le rapport de fait des

Dieux au Brahman dans le processus de la connaissance divine a déjà été déterminé. Les mécanismes cosmiques à travers lesquels agissent les Dieux, mental, vie, parole, sens, corps, doivent prendre conscience de quelque chose au-delà d'eux qui les gouverne, par quoi ils existent et se meuvent, par la force de quoi ils évoluent, se développent et parviennent à la puissance, à la joie, à la capacité ; ils doivent se tourner vers cela, abandonnant leurs opérations ordinaires ; abandonnant celles-ci, abandonnant cette fausse idée d'une action indépendante et s'ordonnant soi-même – qui est un égoïsme du mental, de la vie et des sens – ils doivent devenir consciemment passifs, soumis à la puissance, la lumière et la joie de quelque chose qui est au-delà d'eux. Le résultat est alors que ce divin Innommable Se réfléchit ouvertement dans les Dieux. Sa lumière prend possession du mental pensant, Sa puissance et Sa joie prennent possession de la Vie, Sa lumière et Sa jubilation prennent possession du mental émotif et des sens. Quelque chose de l'image suprême de Brahman tombe sur la nature terrestre et la change en la nature divine.

Ce n'est pas par un soudain miracle que tout cela s'accomplit. Cela vient par éclairs, révélations, touches soudaines et lueurs rapides ; c'est comme un bondissement de l'éclair de révélation qui jaillit pour un instant de ces cieux, puis revient à sa source secrète, comme une paupière qui se lève sur une vision intérieure, puis se baisse parce que l'œil ne peut regarder longtemps et fermement la lumière absolue. La répétition de ces touches, de ces visitations de l'au-delà, fixe les Dieux en leur contemplation, en leur expectation des régions supérieures ; la répétition constante les fixe dans une constante passivité ; mental, vie et sens, cessant de se tendre vers l'extérieur pour se saisir des formes de l'univers, seront de plus en plus fixés en la mémoire, la compréhension, la joie du contact et de la vision de cette gloire transcendante qu'ils ont résolu désormais de considérer comme le seul objet ; c'est à cela seul qu'ils apprendront à réagir, et non aux contacts des choses extérieures. Le silence qui est tombé sur eux et qui est maintenant leur base et leur condition deviendra leur connaissance de l'éternel silence qui est Brahman ; la réaction de leur activité à une lumière, une puissance, une joie suprêmes, deviendra leur connaissance de l'activité éternelle qui est Brahman. D'autre condition, d'autre réaction, d'autre activité, ils n'en connaîtront point. Le mental ne connaîtra rien que le Brahman, ne pensera rien que le Brahman, la Vie ne sera attirée que par le Brahman, n'embrassera que le Brahman, ne jouira de rien que du Brahman, l'œil ne verra, l'oreille n'entendra, les autres sens ne percevront rien que le Brahman.

Le but est-il donc un oubli complet de l'extérieur ? Le mental et les sens doivent-ils se retirer vers l'intérieur et tomber en une transe sans fin ? La vie doit-elle être à jamais rendue immobile ? C'est possible, si l'âme le veut ainsi, mais ce n'est pas inévitable, ni indispensable. Le Mental est cosmique, un dans tout l'univers ; de même est la Vie, de même les sens, de même la Matière du corps ; et quand ils n'existeront que dans le Brahman et pour le Brahman, non seulement ils sauront cela, mais ils percevront, sentiront et vivront en cette universelle unité. Aussi, quelle que soit la chose vers laquelle ils se tournent et qui, pour les sens, le mental et la vie individuels, semble maintenant extérieure, ce qu'alors ils connaîtront, penseront, percevront, étreindront, ce dont ils jouiront, ce n'est pas la forme des choses, mais toujours et uniquement le Brahman. De plus, l'extérieur cessera d'exister pour eux, car rien ne sera plus extérieur, toutes choses nous étant intérieures, même le monde entier et tout ce qui est en ce monde. Car la limite de l'ego, le mur de l'individualité sera brisé ; le Mental individuel cessera de se connaître comme individuel ; il ne sera conscient que de l'universel Mental qui est un en tout, en quoi les individus ne sont que des nœuds de la mentalité unique ; de même la vie individuelle perdra son sens de séparativité et vivra seulement dans la Vie unique et en tant que Vie unique où tous les individus ne sont que des tourbillons du flot indivisible d'activité prânique ; le corps même et les sens ne seront plus conscients d'une existence séparée, mais le corps réel que l'homme se sentira être physiquement sera la Terre entière et l'univers entier et la forme entière, indivisible, des choses existant en tous lieux ; et les sens aussi seront convertis à ce principe de sensation, si bien que même en ce que nous appelons l'extérieur, l'œil ne verra que Brahman en chaque vision, l'oreille n'entendra que Brahman en chaque son, le corps intérieur ou extérieur ne sentira que Brahman en chaque contact, sentira tout contact même comme intérieur dans le plus grand corps. L'âme de qui les Dieux sont ainsi convertis à cette loi, à cette religion suprêmes, réalisera dans le cosmos même et en toute sa multiplicité la vérité de l'Un auprès de qui n'existe pas d'autre, pas de second. De plus, devenant un avec le Sans-forme et l'Infini, elle dépassera l'univers même et verra tous les mondes non pas extérieurs, non pas même commensurables avec elle, mais comme au-dedans d'elle.

Et de fait, dans la réalisation la plus haute, ce ne sera pas du Mental, de la Vie, des Sens, que le mental, la vie, les sens eux-mêmes prendront d'abord conscience, mais plutôt de ce qui les constitue. Par ce processus de constante visitation, d'attouchement et d'influence divins, l'Esprit du mental, c'est-à-dire la connaissance supraconsciente, prendra possession de la compréhension mentale et commencera d'en transformer toute la vision et la pensée en la substance lumineuse et la vibration de lumière du supramental. De même les sens seront transformés par les visitations du Sens qui est par-delà les sens, et toute la conception même de la fonction-sens de l'univers sera modifiée, si bien que le vital, le mental et le supramental deviendront visibles aux sens, le physique n'étant plus que leur résultat dernier, le plus petit et le plus extérieur. De même la vie deviendra un mouvement conscient de la Force-consciente infinie ; elle sera impersonnelle, non limitée par des actes particuliers ou une jouissance particulière, non enchaînée à leurs résultats, non troublée par les dualités ou le contact du péché et de la souffrance, mais splendide, sans limites, immortelle. Le monde matériel même deviendra pour ces Dieux une image du Supraconscient infini, lumineux et bienheureux.

Telle sera la transfiguration des Dieux ; mais qu'adviendra-t-il du moi ? Car nous avons vu qu'il y a deux entités fondamentales, les Dieux et le moi ; et le moi en nous est plus grand que les puissances cosmiques, sa destination à Dieu plus vitale, pour notre perfection et notre réalisation de nous-mêmes, que toute transfiguration de ces divinités inférieures. Aussi, non seulement les Dieux doivent trouver leur Divinité unique et se résoudre en Elle – c'est-à-dire, non seulement les principes cosmiques agissant en nous doivent se résoudre en l'activité de l'Un, principe de tous les principes, afin de devenir seulement une existence unifiée, une action unique de Cela malgré tout le jeu de la différenciation – mais aussi, et avec une nécessité plus fondamentale, le moi en nous qui supporte l'action des Dieux doit découvrir et pénétrer le Moi unique de toutes les existences individuelles, l'Esprit indivisible pour qui toutes les âmes ne sont rien d'autre que des centres, obscurs ou lumineux, de sa propre conscience.

Cela, le moi de l'homme, puisqu'il est l'essentiel d'un être mental, l'accomplira par le moyen du mental. Dans les Dieux la transfiguration est effectuée par le Supraconscient lui-même visitant leur substance et, de ses éclairs, ouvrant leur vision jusqu'à les transformer ; mais le mental est capable d'une autre action qui n'est qu'en apparence un mouvement du mental, qui est réellement le mouvement du moi vers sa propre réalité. Le mental semble aller vers Cela, y atteindre ; il est soulevé hors de soi jusqu'en quelque chose qui est au-delà, et, bien qu'il retombe, la volonté de connaissance dans la pensée mentale, par le mental, se rappelle cependant sans cesse et, à la fin, de façon ininterrompue, ce en quoi il a pénétré. De cela, par le moyen du mental, le Moi s'empare, et sur cela demeure, encore et encore, si bien que cela finit par être incorporé à lui, à être enfin capable de demeurer avec sécurité en cette transcendance. Cela dépasse le mental, dépasse sa propre individualisation mentale de l'être qu'il sait maintenant être soi ; il monte et prend pour base le Moi de tous, la condition d'infinité joyeuse en soi qui est la manifestation suprême du Moi. Car l'immortalité transcendante, c'est l'existence spirituelle que les Upanishads déclarent être le but de l'homme et par quoi l'homme sort de l'état mortel pour entrer dans les cieux de l'esprit.

Que deviennent alors les Dieux et le cosmos et tout ce que le Seigneur fait apparaître en Son être ? Tout cela ne disparaît-il pas ? La transfiguration des Dieux mêmes n'est-elle pas un état seulement secondaire à travers quoi nous allons vers cette culmination et que nous dépouillons dès que nous l'atteignons ? Et avec la disparition des Dieux et du cosmos, le Seigneur même, Conscience-souveraine, ne disparaît-il pas aussi, de telle sorte que rien ne demeure sauf l'unique, la pure Existence indéterminée, bienheureuse en soi, dans une éternelle inaction, une éternelle non-création ? Telle fut la conclusion du Vedânta ultérieur dans sa forme moniste extrême, et tel fut le sens qu'il essaya de trouver en toutes les Upanishads ; mais on doit reconnaître que, dans les termes de l'Ishâ et de la Kena, il n'y a absolument rien qui l'indique, pas une ombre, pas une nuance. Si nous voulons l'y trouver, il nous faut l'y mettre de force, car les termes mêmes employés sont au contraire en faveur de la conclusion des autres systèmes védântiques, pour lesquels le but est la joie éternelle de l'âme dans un *brahmaloka* – un monde du Brahman – en quoi elle est une avec l'existence infinie et en même temps, en un sens, demeure encore une âme capable de jouir, dans l'unité même, de la différenciation.

Le verset qui suit contient la culmination de l'enseignement de l'Upanishad, le résultat de la grande transcendance qu'elle a exposée, puis la description de l'immortalité à laquelle atteignent les âmes de connaissance quand elles passent au-delà de la condition mortelle. Brahman – dit ce verset – est en sa nature « Ce Délice », *tadvanam. Vana* est le terme védique pour délice ou délicieux, et *tadvanam* signifie donc le Délice transcendant, l'*ânanda* tout bienheureux dont la Taittirîya Upanishad parle comme du plus haut Brahman d'où naissent toutes existences, par qui toutes existences vivent et croissent et en qui arrivent toutes existences quand elles sortent de la mort et de la naissance. C'est ainsi, comme Délice transcendant, que le Brahman doit être adoré et cherché. C'est donc cette béatitude que les Upanishads entendent par immortalité. Et que doit-il résulter de cette connaissance et de cette possession du Brahman comme Ananda suprême ? Ceci que vers celui qui connaît et possède le Brahman se dirige le désir de toutes les créatures. En d'autres termes, il devient un centre du divin Délice, le répandant sur le monde entier, attirant tout à lui comme à une fontaine de joie et d'amour et d'accomplissement de soi dans l'univers.

Ainsi culmine l'enseignement de l'Upanishad ; on voulait l'enseignement secret qui pénètre en la vérité ultime, l'Upanishad, et en réponse a été donnée cette doctrine. Elle a été dite, l'Upanishad du Brahman, l'ultime vérité cachée de la suprême Existence ; elle a commencé par la recherche du Seigneur, Maître du mental, de la vie, de la parole et des sens, en qui est l'absolu du mental, l'absolu de la vie, l'absolu de la parole et des sens ; elle finit par la découverte de Lui comme transcendante Béatitude, par l'élévation de l'âme qui la trouve et la possède, en un centre vivant de ce Délice vers lequel toutes les créatures dans l'univers se tourneront comme vers une fontaine de ses extases.

* *
*

L'Upanishad se termine par deux versets qui semblent résumer et caractériser l'œuvre entière, comme c'est la manière des anciennes Écritures quand elles touchent à leur conclusion. Cette Upanishad – ou évangile de la plus intérieure Vérité des choses – a pour base, dit la conclusion, la pratique de la maîtrise de soi, de l'action et de la soumission de la vie sensorielle au pouvoir de l'Esprit. En d'autres termes, la vie et les œuvres doivent être employées comme un moyen de sortir de l'état de sujétion propre à l'âme dans l'ignorance pour parvenir à un état de maîtrise qui la rapproche de la maîtrise de soi absolue, de la toute-maîtrise absolue de l'Âme suprême établie dans la connaissance. Les Védas – c'est-à-dire les paroles des voyants inspirés et les vérités qu'elles renferment – sont dites être tous les membres des Upanishads ; en d'autres termes, toutes les lignes et tous les aspects convergents, tous les éléments nécessaires de ce grand travail, ce profond entraînement psychologique et cette aspiration spirituelle sont exposés en ces grandes Écritures, artères de connaissance suprême, indicatrices d'une suprême discipline. La Vérité est Sa demeure ; et cette Vérité n'est pas une vérité seulement intellectuelle – car tel n'est pas le sens du terme dans les Écritures védiques – mais l'état humain ultime de l'homme, son état d'être véritable, de conscience véritable, de connaissance juste, d'œuvres justes, de juste joie d'existence, en vérité tout ce qui est contraire à la fausseté de l'égoïsme et de l'ignorance. C'est par ces moyens, en employant les œuvres et la discipline de soi pour obtenir la maîtrise de soi et créer l'énergie spirituelle, en sondant la connaissance en toutes ses parties, en répétant le haut exemple des grands voyants védiques, et en vivant dans la Vérité, que l'on devient capable de la grande ascension que nous ouvre l'Upanishad.

Le but de l'ascension est ce monde de l'existence vraie et vaste dont le Véda parle comme de la Vérité qui est le but final, la demeure finale de l'homme. Il est décrit ici comme le plus grand monde céleste infini (le *svargaloka*, le *svarloka* du Véda), qui n'est pas le *svarga* inférieur des Purânas, ni le *brahmaloka* inférieur de la Mundaka Upanishad, son monde des rayons solaires auquel l'âme parvient par les œuvres de vertu et de piété, mais d'où elle retombe, leur mérite une fois épuisé ; c'est le *svarga* supérieur – ou monde de Brahman – de la Katha Upanishad, qui est par-delà les dualités des symboles de naissance et de mort, les mondes supérieurs de Brahman de la Mundaka Upanishad où l'âme entre par la connaissance et la renonciation. C'est donc un état qui n'appartient pas à l'Ignorance, mais à la Connaissance. C'est en fait l'existence et la béatitude infinies de l'âme dans l'être de toute félicité ; c'est aussi la condition plus haute, la lumière du Mental par-delà la vie, les richesses des Sens par-delà les sens. Et l'Âme n'y trouve pas seulement sa propre immensité, mais elle y trouve et possède l'infinité de l'Un, et elle a une base ferme dans cet état immortel parce qu'un Silence suprême et une paix éternelle y sont les bases sûres de l'éternelle Connaissance et de la Joie absolue.

XV

Notre étude de cette Upanishad est maintenant achevée. Nous avons considéré minutieusement la portée de ses mouvements successifs, et nous nous sommes efforcés de rendre aussi précis que possible à l'intelligence le sens des formules puissantes en lesquelles elle nous donne ses fils conducteurs vers ce qui ne saurait jamais être exprimé entièrement par la parole humaine. Nous avons quelque idée de ce qu'elle entend par le Brahman, par le Mental du mental, la Vie de la vie, le Sens des sens, le Verbe de la parole, par l'opposition entre nous-mêmes et les Dieux, par l'Inconnaissable qui ne nous est pourtant pas absolument inconnaissable, par le dépassement de la condition mortelle, et par la conquête de l'immortalité.

À sa base, son enseignement repose sur l'affirmation de trois états d'existence : l'état humain et mortel, la conscience du Brahman qui est l'absolu de nos relativités, et l'Absolu suprême qui est inconnaissable. Le premier est en un sens un état faux de représentation erronée, parce que c'est une suite continuelle d'opposés et d'équilibres apparents, là où la vérité des choses est une secrète unité ; nous y trouvons une image brillante et positive et une image obscure et négative, et toutes deux sont des images, aucune d'elles la Vérité ; et cependant c'est en cet état que nous vivons présentement et c'est à travers lui qu'il nous faut marcher vers l'Au-delà. Le deuxième état est le Seigneur de tout ce jeu de dualités par-delà lequel Il Se tient ; c'est la vérité de Brahman et nullement une falsification ou une représentation erronée, mais c'est Sa vérité telle que nous l'atteignons en notre être supramental éternel ; en Lui sont les absolus de tout ce que nous éprouvons ici en des images partielles. Quant à l'Inconnaissable, il est au-delà de notre atteinte parce que, tout en étant la même Réalité, il dépasse cependant notre plus haut terme même d'être éternel, et qu'il est au-delà de l'existence et de la non-existence ; c'est donc vers le Brahman, le Seigneur qui est en rapport avec ce que nous sommes, que nous devons diriger notre recherche si nous voulons atteindre, par-delà ce qui temporairement paraît être, ce qui éternellement est.

Atteindre le Brahman est notre moyen d'échapper à la condition mortelle et d'entrer dans l'Immortalité – par quoi nous entendons, non la survivance à la mort, mais la découverte de notre vrai moi d'être et de félicité éternels par-delà la dualité des symboles de naissance et de mort. Par immortalité nous entendons la vie absolue de l'âme, par opposition à la vie dans le corps, éphémère et changeante, qu'elle assume par la naissance et la mort et la renaissance, supérieure aussi à sa vie de simple être mental qui demeure dans le monde, soumis impuissant à cette loi de mort et de naissance, ou qui du moins semble, par son ignorance, être soumis à cette loi et à d'autres lois de la nature inférieure. Connaître et posséder sa vraie nature, libre, absolue, maîtresse de soi et de ses formes incarnées, est pour l'âme le moyen de transcendance, et connaître et posséder cela, c'est connaître et posséder le Brahman. C'est aussi quitter le monde mortel pour entrer dans le monde immortel, quitter le monde de la limitation pour entrer dans le monde de l'immensité, quitter le monde fini pour entrer dans le monde infini. C'est monter au-dessus de la joie et du chagrin terrestres pour entrer dans une transcendante Béatitude.

Cela doit s'accomplir par l'abandon de notre attachement à l'image des choses dans le monde mortel. Il nous faut répudier sa mort et ses dualités si nous voulons embrasser l'unité et l'immortalité. Il s'ensuit donc qu'il nous faut cesser de prendre pour objet de notre poursuite ce qui est bien dans ce monde, et même ce qui en lui est justice, lumière et beauté ; il nous faut aller, par-delà ces choses, vers un Bien suprême, une Vérité, une Lumière, une Beauté transcendants dans lesquels disparaissent les images opposées de ce que nous appelons mal. Cependant, comme nous sommes en ce monde, c'est seulement à travers quelque chose de ce monde même que nous pouvons le dépasser ; c'est à travers ses images que nous pouvons trouver l'absolu. Aussi l'examinons-nous et percevons-nous qu'il y a d'abord ces formes de mental, de vie, de parole et de sens, toutes étant des images et des suggestions imparfaites ; puis, derrière elles, les principes cosmiques par lesquels agit l'Un. Ce sont ces principes cosmiques qu'il nous faut considérer ensuite, les détournant de leur but et de leur mouvement ordinaires dans le monde pour découvrir leur propre but suprême, leur propre mouvement absolu dans leur propre unique Divinité, le Seigneur, le Brahman ; il nous faut les forcer à abandonner les activités du mental ordinaire pour découvrir le Mental supraconscient, quitter les activités de la parole et des sens ordinaires pour découvrir le Sens supramental et le Verbe originel, quitter les activités apparentes de la vie du monde pour découvrir la Vie transcendante.

À côté des Dieux, il y a notre moi, l'esprit au-dedans de nous qui supporte toute cette action des Dieux. Notre esprit aussi doit se détourner de son absorption en son image telle qu'il la voit engagée dans le mouvement de la vie, du mental, du corps individuels et soumise à ce mouvement, et doit élever sa contemplation vers son propre Moi suprême qui est par-delà tout ce mouvement et qui en est le maître. Le mental doit donc en vérité devenir passif par rapport au Mental divin, les sens passifs par rapport au Sens divin, la vie passive par rapport à la Vie divine, et, par leur réceptivité aux visitations, aux attouchements constants du Suprême, être transfigurés en une réflexion de ces transcendances ; mais aussi le moi individuel, par l'aspiration exaltante du mental, par les élans au-delà de soi, par le souvenir constant de la Réalité suprême en quoi il a vécu pendant ces moments divins, doit à la fin monter en cette Félicité et cette Puissance et cette Lumière.

Mais cela ne signifie pas nécessairement l'immersion en un Être de tout-oubli éternellement absorbé en Sa propre inactive existence en soi. Car le mental, les sens, la vie, s'élevant au-delà de leurs formations individuelles, découvrent qu'ils sont seulement un centre du Mental, de la Vie, de la Forme unique des choses, et par conséquent ils découvrent Brahman en cela aussi et non pas seulement dans une transcendance individuelle ; ils font descendre la vision du supraconscient en cela aussi, et non pas seulement dans leurs propres activités individuelles. Le mental de l'individu échappe à ses limites et devient le mental universel unique, sa vie la vie universelle unique, ses sens corporels le sens de l'univers entier – et plus encore, son Corps-de-Brahman indivisible. L'individu perçoit l'univers en lui-même ; et il perçoit aussi son moi en toutes les existences et le connaît comme le Seigneur et Réel unique, omniprésent, multiple et un, et qui demeure en tout. Sans cette réalisation, il n'a pas rempli les conditions de l'immortalité. C'est pourquoi il est dit que ce que cherchent les sages, c'est à distinguer et à voir le Brahman dans toutes les existences ; par cette découverte, cette réalisation, cette possession de Lui par tout et en tout, ils parviennent à leur existence immortelle.

Cependant, bien que la victoire des Dieux, c'est-à-dire la perfection progressive du mental, de la vie, du corps selon les termes positifs de bien, de justice, de joie, de connaissance, de puissance, soit reconnue comme une victoire du Brahman ; bien que soit admise la nécessité d'employer la vie et les œuvres humaines dans le monde comme un moyen de préparation et de maîtrise de soi, cependant c'est une disparition finale dans le monde céleste infini, l'état de la conscience du Brahman, qui est proposée comme le but. Et cela semblerait impliquer une répudiation de la vie du cosmos. Aussi sommes-nous fondés à demander, nous, les hommes d'aujourd'hui, de plus en plus conscients de l'avertissement intérieur de Ce qui nous a créés, Nature ou Dieu, de plus en plus conscients qu'il existe une tâche pour la race, un dessein divin dans sa création qui dépasse le salut de l'individu, nous qui sentons de plus en plus – comme dit le Koran – que le Seigneur n'a pas créé le ciel et la terre par plaisanterie, que Brahman ne s'est pas mis à rêver ce monde de rêve en un moment d'aberration et de délire – pouvons-nous demander si cet évangile de salut individuel est tout le message de ce Védânta plus pur, plus ancien, plus catholique. S'il en était ainsi, alors le Védânta serait au plus un évangile pour le saint, l'ascète, le moine, le solitaire ; mais il n'aurait pas de message que la conscience universelle, qui va toujours s'élargissant, pût recevoir avec joie comme la parole attendue. Car, assurément, quelque chose de vital lui aurait échappé, un mot profond de l'énigme de l'existence dont il aurait détourné les yeux ou qu'il serait incapable – ou jugerait inutile – de résoudre.

Or, il est certain que les Upanishads insistent – et cette insistance s'accroît continuellement au cours du temps jusqu'à surenchérir sur elle-même – sur le salut de l'individu, sur son rejet de la vie cosmique inférieure. Cet accent, de plus en plus marqué dans les Upanishads successives, s'enfle par la suite jusqu'à devenir le rejet de toute vie cosmique quelle qu'elle soit, et devient enfin, dans l'Hindouisme ultérieur, le cri dominant, presque unique, le défi absolu. Elle n'existe pas dans la révélation védique première où le salut individuel est considéré comme un moyen vers une grande victoire cosmique, la conquête finale du ciel et de la terre par la Vérité et la Félicité supra-conscientes, et ceux qui ont réalisé cette victoire dans le passé apportent leur aide consciente à leur postérité encore dans la lutte. Si cette note plus ancienne manque dans les Upanishads, alors – car, pour grandes que soient ces Écritures, lumineuses, profondes, sublimes en leur vérité, leur beauté et leur puissance jamais surpassées, il n'en est pas moins vrai que seule l'âme ignorante se fait l'esclave d'un livre – alors, les employant comme aides vers la connaissance, nous devons rappeler avec insistance cette note ancienne qui manque, nous devons chercher ailleurs une solution pour le mot qui, dans l'énigme, a été laissé de côté. Cette Upanishad, seule entre les Écritures qui nous sont parvenues, nous donne sans voile, sans restriction, pleinement et avec une noble catholicité, la vérité du Brahman ; aussi l'aide qu'elle apporte à l'humanité est-elle indispensable. Seulement, là où manque quelque chose d'essentiel, il nous faut le chercher au-delà – par exemple, en ajoutant à son insistance sur la connaissance divine l'ardente et indispensable insistance des enseignements ultérieurs sur l'amour divin, la haute insistance du Véda sur les œuvres divines.

L'évangile védique de la victoire suprême du Divin en l'homme, dans le ciel et sur la terre, l'évangile chrétien d'un royaume de Dieu et de la cité divine sur la terre, l'idée purânique du progrès des Avatars successifs menant au royaume du parfait et à la restauration de l'âge d'or, non seulement contiennent, par-delà leurs formes, une vérité profonde, mais encore sont nécessaires au sens religieux de l'humanité. Sans elles, l'enseignement de la vanité de la vie humaine, l'enseignement de la renonciation, de la fuite passionnée loin du monde ne peut être puissant qu'en des époques limitées, ou encore sur les seules âmes fortes qui, en chaque époque, sont vraiment capables de ces choses. Le reste de l'humanité, ou bien la négligera en pratique tout en la professant en précepte, ou encore sombrera sous le poids de sa propre impuissance, le sentiment de l'illusion qu'est la vie ou de la malédiction de Dieu sur le monde, comme la chrétienté médiévale sombra dans l'ignorance et l'obscurantisme, comme, à une époque plus récente, l'Inde sombra dans une torpeur stagnante et la médiocrité d'une vie d'égoïsme sans but. La promesse pour l'individu est bonne, mais la promesse pour la race aussi est nécessaire. Notre Père le Ciel doit rester éclairé par l'espoir de la délivrance, mais notre Mère la Terre ne doit point se sentir à jamais maudite.

Il fut nécessaire à une certaine époque d'insister exclusivement sur l'idée du salut individuel, afin de faire pénétrer en la mentalité de l'homme le sentiment d'un Au-delà, de même qu'il fut nécessaire pour un temps d'insister sur un paradis de joie pour les vertueux et les pieux afin d'attirer l'homme par ce lumineux appât vers la pratique de la religion et la répression de son animalité sans frein. Mais, tout comme les leurres de la terre, les leurres du ciel aussi doivent être vaincus. L'homme a rejeté le leurre du paradis agréable, récompense de la vertu ; les Upanishads l'ont déprécié depuis fort longtemps dans l'Inde et il n'y est plus dominant dans l'esprit des hommes ; le leurre analogue du Christianisme populaire, de l'Islam populaire, n'a plus de sens pour la conscience de l'humanité moderne. Le leurre d'une libération de la naissance et de la mort, et du retrait de l'œuvre cosmique, doit aussi être rejeté, comme il le fut par le Bouddhisme mahâyâniste qui a tenu pour plus grandes que le *nirvâna* la compassion et la bienfaisance. De même que nos vertus doivent être pratiquées sans l'attente d'une récompense terrestre ou céleste, de même le salut que nous recherchons doit être purement intérieur et impersonnel ; il doit être la libération de l'égoïsme, l'union avec le Divin, la réalisation de notre universalité aussi bien que de notre transcendance, et nul salut ne doit avoir pour nous de prix qui nous dérobe à l'amour de Dieu en l'humanité et à l'aide que nous pouvons donner au monde. S'il le faut, enseignons : « Plutôt l'enfer avec le reste de nos frères malheureux qu'un salut solitaire. »

Heureusement, il n'est pas nécessaire de pousser jusqu'à ces extrêmes et de nier un côté de la vérité afin d'en affirmer un autre. L'Upanishad elle-même, dans son propre exposé de la vérité, suggère l'issue par où échapper à toute insistance excessive. Car l'homme qui connaît et possède le Suprême Brahman comme Béatitude transcendante devient un centre de ce délice vers quoi viendront tous ces compagnons, un puits où ils peuvent puiser les eaux divines. C'est là le fil conducteur qu'il nous faut. Le rapport avec l'univers est préservé pour la seule raison qui le justifie suprêmement : il doit subsister, non pas par désir de joie personnelle terrestre comme c'est le cas pour ceux qui sont encore enchaînés, mais pour l'aide à apporter à toutes les créatures. Double est donc l'objet de l'âme qui atteint les plans supérieurs : parvenir au Suprême et se dévouer à jamais au bien du monde entier – comme Brahman Lui-même ; ici-bas ou ailleurs, il n'importe pas essentiellement ; mais là où la lutte est la plus acharnée, là doit être le héros de l'esprit, telle doit être assurément la préférence la plus haute pour le fils de l'Immortalité. Pour celui qui est devenu un avec l'univers, c'est de la terre que vient l'appel le plus fort, parce que c'est elle qui a le plus grand besoin de lui.

Et la nature du bien le plus haut qui puisse être accompli est indiquée aussi – bien que d'autres formes inférieures d'assistance ne soient pas pour cela exclues. Aider aux moindres victoires des Dieux qui doivent préparer la victoire suprême du Brahman peut bien être, et doit être, d'une façon ou d'une autre, une partie de notre tâche ; mais la plus grande aide de toutes est celle-ci : être un centre humain de la Lumière, la Gloire, la Félicité, la Force, la Connaissance de l'Existence divine, à travers quoi Elle ruissellera sur les autres hommes, et attirera leurs âmes, par son aimant de délice, vers Cela qui est le Suprême.

MUNDAKA UPANISHAD

Texte français de Jean Herbert

Premier Mundaka

CHAPITRE I

1. – Brahmâ premier des dieux naquit, créateur de tout, protecteur du monde ; à Atharvan son fils aîné, il exposa la connaissance-de-Brahman, en quoi est la base de toutes les sciences.

2. – La connaissance-de-Brahman, par Brahmâ dite à Atharvan, jadis fut transmise par Atharvan à Angir, qui l'exposa à Satyavâha des Bharadvâjas, et le Bharadvâja à Angiras, à la fois la connaissance supérieure et l'inférieure.

3. – Shaunaka, le grand maître de maison, vint à Angiras, à la manière d'un disciple, et lui demanda : « Seigneur, qu'est cela dont la connaissance rend tout cet univers connu ? »

4. – Il lui répondit : Double est la connaissance que tu dois avoir – voilà ce que disent les connaisseurs-de-Brahman – la connaissance supérieure et l'inférieure.

5. – D'elles, l'inférieure est le Rig-Véda, et le Yajur-Véda, et le Samâ-Véda, et l'Atharva-Véda, la psalmodie, le rituel, la grammaire, l'interprétation étymologique et la prosodie et l'astronomie. Et puis la supérieure, par laquelle l'Immuable est connu.

6. – Ceci qui est invisible et insaisissable, sans parent et sans couleur, et n'a ni yeux, ni oreilles, ni mains, ni pieds, mais est à jamais – l'Omnipénétrant qui est partout et impalpable, l'impérissable Omniprésent et Cela que les sages partout contemplent comme la Matrice des créatures.

7. – Ainsi que l'araignée émet et résorbe [son fil], ainsi que les herbes naissent sur la terre, ainsi que les poils poussent sur le corps d'un homme vivant, de même ici dans l'univers tout ce qui est procède de l'Immuable.

8. – Par l'énergie en œuvre le Brahman universel s'étend, et de Brahman naît la matière, et de la matière vient la vie, et le mental, et la vérité et les mondes, et dans les œuvres l'immortalité.

9. – Lui qui est omniscient et comprend tout, de qui l'énergie est de la substance de la connaissance, c'est Lui de qui vient ce Brahman, et de Lui le nom et la forme prennent naissance, et en Lui la matière a son commencement.

CHAPITRE II

1. – Voici ce qui est la Vérité de l'existence. Les œuvres que les voyants contemplaient dans les mantras de la Sagesse védique furent étendues en de multiples sortes dans le deuxième âge. Ces œuvres, accomplis-les religieusement avec l'unique passion de cette Vérité ; car telle est la route vers le ciel de ta rectitude.

2. – Lorsque le feu du sacrifice est allumé et que la flamme oscille et tremble, alors, entre les deux libations de beurre, jettes-y avec foi tes offrandes.

3. – Car celui dont les feux d'autel sont vides de l'offrande de la lune obscure et de l'offrande de la pleine lune et de l'offrande des pluies et de l'offrande des prémices ou ne sont pas alimentés ou le sont sans le rituel ou sans des hôtes, ou sans ce qui est dû aux Dieux universels, détruit son espérance de tous les sept cieux.

4. – Kâlî la noire déesse, Karalî la terrible, Manojavâ rapide comme la pensée, Sulohitâ rouge-sang, Sudhumravarnâ couleur de fumée, Sphulinginî qui jette des étincelles, Vishvaruchî la toute-belle déesse sont les sept langues ondoyantes du feu.

5. – Celui qui, lorsqu'elles flambent avec éclat, célèbre au moment propice le rituel, et qu'agréent les feux d'offrande, pour lui elles deviennent les rayons du Soleil et elles l'emportent là-haut où habite l'unique Seigneur de tous les dieux.

6. – « Viens avec nous, viens avec nous ! » lui crient-elles, ces brillantes flammes de sacrifice, et elles le hissent dans les rayons du soleil, en lui disant de douces paroles aimables, en lui rendant hommage : « Voici le saint monde de Brahman, et le ciel de ta rectitude. »

7. – Mais les barques du sacrifice sont frêles, et les œuvres du sacrifice sont faibles, et tous les dix-huit du sacrifice, en quoi est déclarée l'œuvre inférieure ; bien sots ceux-là qui l'acclament comme le Bien suprême, et ils reviendront encore dans le monde de la vieillesse et de la mort.

8. – Ceux qui demeurent dans l'ignorance et sont enfermés en elle, et qui se prennent pour des savants et pensent : « Nous, c'est nous qui sommes les doctes et les sages » – ce sont des sots et ils errent, heurtés et trébuchants comme des aveugles conduits par un aveugle.

9. – Ils habitent dans les multiples liens de l'ignorance, enfants qui pensent : « Nous avons conquis notre Paradis », car lorsque les hommes dans leurs actes sont esclaves de leurs affections et ne connaissent pas Dieu, ils sont alors condamnés à l'angoisse, leur paradis s'use par la jouissance et ils retombent du ciel sur la terre.

10. – Esprits égarés qui tiennent l'oblation offerte et le puits creusé pour la plus haute rectitude et qui ne connaissent aucun autre Bien, sur le dos du ciel ils jouissent du monde de leur rectitude et ils entrent de nouveau dans ce monde-ci ou même dans un monde inférieur.

11. – Mais ceux qui dans la forêt recherchent la foi et la discipline de soi, calmes, emplis de connaissance, vivant d'aumônes, rejettent loin d'eux les obscurcissements de la passion et, par les portes du soleil, passent là où est l'Être immortel, dont le Moi d'esprit ne s'use ni ne périt,

12. – Le connaisseur-de-Brahman, ayant fait l'expérience des mondes qu'accumulent les œuvres, devient indifférent à leurs joies, car il sait que Celui qui n'a pas été fait ne vit pas par l'œuvre faite. Pour Le connaître, qu'il aille trouver – avec à la main du bois pour les feux – un maître versé dans les Védas et voué à l'Éternel.

13. – À lui celui qui a la connaissance expose dans sa totalité et dans tous les principes de sa science la connaissance-de-Brahman par laquelle on arrive à connaître l'Esprit immuable qui est la Vérité de l'existence – parce qu'il vient à lui avec l'esprit apaisé, avec une âme pure et tranquille.

Deuxième Mundaka

CHAPITRE I

1. – Voici cette Vérité de l'existence.

Comme d'un seul feu ardent naissent un million d'étincelles différentes et elles ont toutes la forme du feu, de même de l'Être immuable naissent de multiples existences et elles retournent aussi en l'Immuable.

2. – Mais l'Esprit divin, non né, sans forme, qui contient l'intérieur et l'extérieur, est au-delà du mental et de la vie, est d'une lumineuse pureté, est plus haut que le plus haut Immuable.

3. – Et de Lui naissent la vie et le mental et tous les organes des sens, et de Lui sont l'éther et l'air et la lumière et l'eau et la terre qui contient tout.

4. – Le feu est sa tête et ses yeux sont le soleil et la lune et les points cardinaux sont ses organes d'audition et les Écritures révélées sont sa parole ;

l'air est son souffle vital et l'univers est son cœur et la terre est à ses pieds. Il est le Moi intérieur en toutes les créatures.

5. – Et de Lui est le feu, dont le soleil est l'aliment, la pluie qui s'élève du vin des dieux, et les herbes qui croissent sur la terre ; comme lorsqu'un homme verse sa semence en une femme, beaucoup de créatures naissent de l'Esprit.

6. – Et de Lui viennent les hymnes du Rig-Véda et le Sâma et le Yajur et l'initiation et toutes les offrandes, les dons, tout sacrifice, l'année, le donateur du sacrifice, les mondes, et là où purifie la lune et là où c'est le soleil.

7. – Et de Lui sont produits beaucoup d'espèces de dieux et les demi-dieux et les hommes et les bêtes et les oiseaux, et le souffle et le souffle d'en bas, et le grain de riz et le grain d'orge, et la foi et la vérité et la règle.

8. – Et les sept souffles sont nés de Lui, et les sept langues de la flamme, et les sept sortes de combustible, et les sept sortes d'offrandes, et les sept mondes où les souffles qui ont pour chambre le cœur secret se meuvent et sont placés intérieurement, sept et sept.

9. – Et de Lui sont les mers et toutes les montagnes, et de Lui coulent toutes les formes de fleuves, et toutes les herbes sont de Lui, et la jouissance sensible qui fait rester l'âme avec les éléments matériels.

10. – L'Esprit est tout ceci qui est ceci dans l'univers : Il est les œuvres et la discipline de soi et Brahman et l'immortalité suprême. Ô aimable fils, celui qui voit ceci qui est caché dans son propre cœur secret, tranche dès ce corps-ci le nœud de l'Ignorance.

CHAPITRE II

1. – Ceci qui est manifesté et qui est secret, Ceci qui se meut ici dans le cœur secret de notre être, est la puissante fondation en quoi est établi tout ce qui se meut et respire et voit. Tu sauras que Ceci est le Suprême et Adorable qui est le Est et le N'est-pas, au-delà de la connaissance, le plus haut pour ses créatures.

2. – Ce brillant, ce plus subtil que la subtilité, cette vastitude en quoi sont enchâssés tous les mondes et leurs peuples, c'est ceci qui est le Brahman immuable, et la vie est Cela, et la parole est Cela, et le Mental est uniquement Cela, et ceci est cette Vérité et Immortalité. Ô aimable fils, sache qu'Il est cela en quoi tu dois pénétrer.

3. – Prends l'arc de l'Upanishad, cette arme puissante, disposes-y une flèche aiguisée par l'adoration, bande l'arc avec un mental plongé dans le sentiment de l'unité et pénètre en l'Éternel comme tu tirerais en une cible.

4. – OM est l'arc et l'âme est la flèche et l'Éternel est la cible. Perce en Lui d'une visée bien assurée, et perds-toi en Lui comme une flèche est perdue en ce qu'elle frappe.

5. – Celui en qui le mental est fixé avec tous les courants vitaux et en qui sont tissés le ciel et la terre et le monde intermédiaire, sache qu'Il est l'unique Moi de tous ; renonce à tout autre credo ; car ceci est le pont qui te conduit à l'immortalité.

6. – Là où les nerfs se rejoignent comme les rayons au moyeu de la roue du char, là Dieu habite en nous et naît sous beaucoup de déguisements. Médite sur le Moi comme OM et laisse-le te porter en sécurité jusqu'à l'autre bord, au-delà des ténèbres.

7. – L'Omniscient qui comprend tout, de qui sont toute cette puissance et cette majesté qui sont sur la terre, est ce Moi en les êtres qui trône en son ciel éthéré dans la cité de l'Esprit[1].

8. – Quand un homme a vu Cela qui est à la fois l'être supérieur et cet être inférieur, alors le

1. Entre le verset 7 et le verset 8 vient dans certaines versions s'intercaler le verset supplémentaire suivant : « Un esprit du mental qui est pilote de la vie et du corps a placé un cœur dans la matière, et là il est établi ; les sages par la connaissance le contemplent partout, cela même qui rayonne comme délice et immortalité. »

nœud des fibres du cœur est déchiré, alors tous ses doutes sont dispersés et ses œuvres l'abandonnent et périssent.

9. – L'Éternel est caché dans un glorieux fourreau d'or, l'Esprit indivisible et immaculé, et il est un éclat et la lumière de toutes les lumières et l'Un que connaissent ceux qui connaissent le Moi.

10. – Là le soleil n'éclaire pas et la lune est sans splendeur et les étoiles sont aveugles ; là ces éclairs ne flamboient pas, ni aucun feu terrestre. Car tout ce qui brille n'est que l'ombre de sa brillance et c'est par sa lueur que tout ceci luit.

11. – Tout est ce Brahman éternel et immortel. L'Éternel est devant nous et l'Éternel est derrière nous et au sud et au nord de nous et au-dessus et au-dessous et partout étendu. Tout ce splendide univers n'est rien que l'Éternel.

Troisième Mundaka

CHAPITRE I

1. – Il y a deux oiseaux qui s'agrippent à un même arbre, beaux de plumage, camarades de joug, compagnons éternels ; et l'un mange les fruits délicieux de l'arbre et l'autre ne mange pas mais regarde son camarade.

2. – L'âme de l'homme est l'oiseau qui demeure avec Dieu sur un même arbre et en sa douceur s'égare et s'oublie, et parce qu'il est déchu de souveraineté, il a donc de la peine, il est donc désorienté. Mais quand il voit cet autre, qui est le Seigneur et le Bien-aimé, alors il sait que tout ceci est Sa grandeur et la peine s'écarte de lui.

3. – Quand le voyant voit Celui qui a la couleur de l'or, le Seigneur, l'Esprit qui est l'auteur de toutes actions et la matrice de Brahman, alors il secoue de ses ailes péché et vertu et s'élève, âme insouillable, jusqu'à l'égalité suprême.

4. – L'homme sage Le connaît comme la Vie dont la lumière devient apparente en tous êtres existants et il ne prend pas plaisir aux dogmes et aux longues discussions. Celui qui fait toutes actions en jouant dans le Moi et qui a dans le Moi tout son délice et son plaisir est le meilleur d'entre les connaisseurs-de-Brahman.

5. – Ce Moi doit toujours être gagné ; Il se gagne par la vérité et la discipline de soi, Il se gagne par une connaissance parfaite et entière, Il se gagne en vivant divinement ; car Il est ici, clair et lumineux, dans le corps intérieur que ceux qui cherchent et s'efforcent, par le déclin du défaut humain, contemplent.

6. – C'est la Vérité qui finalement conquiert et non le mensonge. La vérité a construit la longue grand-route des Dieux, le sentier que suivent les sages – satisfaisant leur désir, ils arrivent là où est cette suprême demeure de la Vérité.

7. – C'est divin, c'est immense, sa forme est inimaginable, et cela rayonne plus subtil que le subtil. C'est plus loin que l'éloignement et c'est ici et tout près de nous ; c'est ici même, caché dans le cœur secret pour ceux qui ont des yeux pour le voir.

8. – L'œil ne peut le saisir ni la parole l'étreindre, ni toutes ces autres divinités ; il ne peut être tenu par les œuvres ni saisi par les aus-

térités ; seulement lorsque l'être intérieur est purifié par une claire allégresse de connaissance, on le contemple après longue méditation, esprit indivisible.

9. – Le Moi est subtil et peut seulement être connu par notre cœur de conscience, et en ce cœur la vie est entrée avec ses quintuples courants. Tout le cœur des créatures est transpercé et tissé des courants vitaux, et c'est seulement quand il est purifié que le Moi peut manifester sa puissance et sa présence.

10. – Quel que soit le monde que l'homme dont l'être est purifié illumine de son mental, et quels que soient les désirs qu'il désire, il s'empare en conquérant de ce monde et de ses désirs. Que quiconque désire le bien-être s'approche donc avec hommage de l'homme qui est connaisseur-de-l'*âtman*.

CHAPITRE II

1. – Il connaît ce Brahman suprême, ce séjour le plus haut, où tout l'univers est serti et luit dans son éclat. Les sages qui sont sans désirs et qui suivent l'Esprit passent au-delà de cette semence de création.

2. – Celui qui désire et dont le mental fait société avec d'ardents désirs, par eux renaît là où

ils le conduisent, mais lorsqu'un homme est libéré des désirs et s'est retranché dans le Moi, pour lui, ici même, tous désirs se dissolvent et meurent.

3. – Ce Moi ne peut être gagné par l'explication et la force cérébrale et beaucoup de science sacrée, mais celui-là seul que l'Esprit choisit obtient l'Esprit, et à lui ce Moi découvre son propre corps.

4. – Ce Moi ne peut être gagné par celui qui est sans force ou dont le mental est confus et trébuchant, ni par l'austérité que n'a marquée la vérité ; uniquement lorsque quelqu'un doué de connaissance s'efforce d'y parvenir par tous ces moyens, son Moi pénètre en le Brahman et fait de l'Éternel sa demeure.

5. – Sages, âmes calmes, ceux qui ont accédé à Lui, âmes satisfaites de connaissance, formées dans le Moi, libres d'affections, trouvent partout l'Omniprésent et par union du moi entrent dans le Tout.

6. – Ceux qui s'efforcent après la Vérité, ceux qui se sont assurés de la nature des choses par la Connaissance qui est la fin du Véda et sont purifiés en leur être par le Yoga du renoncement, au moment de leur ultime fin deviennent absolus et éternels et ils sont libérés dans les mondes de l'Éternel.

7. – Les quinze membres font retour en leurs bases et tous les Dieux retournent chacun à sa

Divinité, et les œuvres s'en vont, et le Moi de connaissance, et tous ceux-ci sont faits un dans le Suprême qui est impérissable.

8. – Comme les fleuves en s'écoulant s'arrêtent finalement dans l'océan et se dépouillent de leurs noms et de leurs formes séparés, de même l'homme de connaissance est affranchi du nom et de la forme et parvient à ce qui est plus haut que le plus haut, à l'Esprit divin.

9. – Celui qui connaît le Brahman suprême devient Brahman, et nul ne naît chez lui qui ne connaisse pas l'Éternel. Il traverse jusqu'au-delà de la peine et il traverse jusqu'au-delà du péché ; il est délivré de la captivité des fibres du cœur et devient immortel.

10. – Voici la chose dite dans le Rig-Véda : « Les sages-en-Véda qui accomplissent des œuvres et sont adonnés à l'Éternel et offrent eux-mêmes leur sacrifice avec foi à l'unique Maître de toute Connaissance, à eux sera dite cette connaissance-de-Dieu, à eux qui ont accompli le vœu de la tête conformément au rituel. »

11. – Telle est la vérité qu'a dite jadis le rishi Angiras ; ceci ne peut étudier quiconque n'a pas accompli le vœu de la tête. Salutation aux plus grands sages, salutation !

Index des termes sanskrits

Table

LA KENA UPANISHAD

LA MUNDAKA UPANISHAD

DU MÊME AUTEUR

AUX ÉDITIONS ALBIN MICHEL

La Pratique du yoga intégral,
1987

Métaphysique et psychologie,
1988

La Vie divine, 4 vol.,
1992

Le Guide du yoga,
2007

La Bhagavad-Gîtâ,
2007

EXTRAITS DU CATALOGUE

Spiritualités vivantes

1. *La Bhagavad-Gîtâ*, Shrî Aurobindo.
2. *Le Guide du Yoga*, Shrî Aurobindo.
3. *Les Yogas pratiques*, Swâmi Vivekânanda.
5. *Lettres à l'âshram*, Gandhi.
8. *Spiritualité hindoue*, Jean Herbert.
12. *Jnâna-Yoga*, Swâmi Vivekânanda.
13. *L'Enseignement de Râmakrishna*, paroles groupées et annotées par Jean Herbert.
14. *La Vie divine*, tome I, Shrî Aurobindo.
15. – Id., tome II.
16. – Id., tome III.
17. – Id., tome IV.
18. *Carnet de pèlerinage*, Swâmi Ramdas.
22. *De la Grèce à l'Inde*, Shrî Aurobindo.
23. *La Mythologie hindoue, son message*, Jean Herbert.
29. *Âshrams. Les Grands Maîtres de l'Inde*, Arnaud Desjardins.
53. *L'Art de la réalisation*, Chandra Swami.
66. *La Pratique du yoga intégral*, Shrî Aurobindo, textes regroupés, traduits et préfacés par Jean Herbert.
69. *Métaphysique et psychologie*, Shrî Aurobindo.
89. *Yoga-Sutras*, traduction du sanscrit et commentaires de Françoise Mazet.
91. *Écrits*, père Henri Le Saux, choisis et présentés par Marie-Madeleine Davy.
100. *Le Yoga de l'Amour*, Jean Herbert.
127. *Réflexions sur la Bhagavad-Gîtâ*, Jean Herbert.
133. *Expérience chrétienne et mystique hindoue*, Bede Griffiths, préface de Marie-Madeleine Davy, traduit par Charles H. de Brantes.
140. *Le Yoga et Saint Jean de la Croix*, Swâmi Siddheswarananda.
142. *Aux sources de la Joie*, Mâ Ananda Moyî.

148. *Présence de Râm*, Swâmi Ramdas.
209. *L'Enseignement de Mâ Ananda Moyî*, traduit par Josette Herbert.
210. *Tantra Yoga, le tantra de la « connaisance suprême »*, Daniel Odier.
215. *Psychologie du yoga de la kundalinî*, Carl Gustav Jung.
218. *L'Enseignement de Râmana Maharshi*, édition intégrale traduite par Eleonore Braitenberg.
222. *Le Mahâbhârata conté selon la tradition orale*, traduit par Serge Demetrian.
223. *Le Râmâyana conté selon la tradition orale*, traduit par Serge Demetrian.
237. *Nâgârjuna et la doctrine de la vacuité*, Jean-Marc Vivenza.
238. *ABC d'une sagesse*, Svâmi Prajnânpad.
243. *Comprendre le tantrisme*, André Padoux.

Espaces libres

70. *Ultimes paroles*, Krishnamurti.
85. *Henri Le Saux, le passeur entre deux rives*, Marie-Madeleine Davy.

Albin Michel Spiritualités / grand format

Kalila et Dimna. Fables indiennes de Bidpaï, choisies et racontées par Ramsay Wood.

Le Mahâbhârata, Jean-Claude Carrière.

Kabir. Une expérience mystique au-delà des religions, Michel Guay.

Féminité de la parole. Études sur l'Inde ancienne, Charles Malamoud.

Gandhi l'insurgé. L'épopée de la Marche du sel, Jean-Marie Muller.

Hindouisme et soufisme. Une lecture du « Confluent des Deux Océans » de Dârâ Shokûh, Daryush Shayegan.

L'Esprit du yoga, Ysé Tardan-Masquelier.

Nous ne sommes pas des fleurs. Deux siècles de combats féministes en Inde, Martine van Woerkens.

Le Tantrisme. Mythes, rites, métaphysique, Jean Varenne.
Le Maître et le Thérapeute, Jacques Vigne.
Éléments de psychologie spirituelle, Jacques Vigne.
Le Mariage intérieur en Orient et en Occident, Jacques Vigne.
Entretiens et causeries, Swâmi Vivekânanda.
Svâmi Prajnânpad, un maître contemporain, tome 1 et 2, Daniel Roumanoff.

Planète Inde

Intouchables. Entre révoltes et intégration, Robert Deliège.
Une histoire de l'Inde. Les Indiens face à leur passé, Eric Meyer.
Un milliard d'hindous, Ysé Tardan-Masquelier.
Les Chrétiens de l'Inde. Entre castes et Églises, Catherine Clémentin.
Les Sikhs. Histoire et tradition des « Lions du Panjab », Denis Matringe.
L'Inde vue d'Europe. Histoire d'une rencontre 1750-1950, Christine Maillard.

Les Carnets du calligraphe

Le Chant du Bienheureux, extraits de la Bhagavad Gîtâ, calligraphies de Jigmé Douche.

Livres d'art

Mandalas, Sayed Haider Raza.
L'Ordre du monde, Sujata Bajaj.

Carnets de sagesse

Paroles des sages de l'Inde, Marc de Smedt.

Composition Nord Compo
Impression Blackprint en mai 2012
Éditions Albin Michel
22, rue Huyghens, 75014 Paris
www.albin-michel.fr
ISBN : 978-2-226-24192-4
ISSN : 0755-1835
N° d'édition : 02451/05
Dépôt légal : juin 2012
Imprimé en Espagne